大
方
sight

强势生存

（修订版）

中国原生文明的核心力量

孙皓晖 著

中信出版集团 | 北京

图书在版编目（CIP）数据

强势生存：中国原生文明的核心力量 / 孙皓晖著. -- 修订版. -- 北京：中信出版社，2023.3
ISBN 978-7-5217-5072-0

Ⅰ.①强… Ⅱ.①孙… Ⅲ.①文化史－研究－中国 Ⅳ.① K203

中国版本图书馆 CIP 数据核字 (2022) 第 237191 号

强势生存：中国原生文明的核心力量（修订版）
著者：　　孙皓晖
出版发行：中信出版集团股份有限公司
　　　　（北京市朝阳区东三环北路 27 号嘉铭中心　邮编　100020）
承印者：　河北鹏润印刷有限公司

开本：880mm×1230mm　1/32　印张：8.875　字数：186 千字
版次：2023 年 3 月第 2 版　印次：2023 年 3 月第 1 次印刷
书号：ISBN 978-7-5217-5072-0
定价：58.00 元

版权所有·侵权必究
如有印刷、装订问题，本公司负责调换。
服务热线：400-600-8099
投稿邮箱：author@citicpub.com

目录

序　寻求中国文明正源　　i

我们的整体困境：世界文明的沼泽期　　1
走出中国历史意识的沼泽地　　19
永续不朽的历史奥秘：中国文明的三大历史特质　　31
中国原生文明与古希腊文明的比较　　57
中国原生文明与古罗马文明的比较　　79
确立中国文明的继承原则　　95
历史主义是理清中国文明史的根基　　105
文化霸权与文明衰落：儒家独尊的历史解析　　129
祭秦论：中国原生文明的永恒光焰　　163

后记　积微深掘　理我文明　　261

序

寻求中国文明正源

近年，中国社会已经产生了对中国文明史再认识的新思潮。

这一新思潮，是自发的、缓慢的。但是，它所产生的根基，却具有非常深刻的历史必然性，远比"五四"时期与"文化大革命"时期极端化、简单化、政治化地看待中国历史的"运动"思潮，要深厚得多。

因为，只有在今天，我们才真正摆脱了极端的物质匮乏，走向了深度改革下相对富裕的商品经济生活。我们的国家与民族，初步实现了和平崛起，真正走到了向新的文明形态跨越的历史转折点。这一历史性的转折，决定了一个新的历史命题必然出现在社会意识之中，并且必然引起普遍性的思考。

这个历史命题就是：我们的国家与民族，必须对自己五千年的传统文明作出全面的、深刻的重新解读与重新认识，借以确定我们实现文明跨越的历史根基。这一历史命题第一层面的具体化，是确定：我们的文明历史中究竟哪些是应该继承的良性传统，哪些是应该抛弃的腐朽传统？我们的统一文明根基，究竟应该是曾经的哪个时代？我们的国学，究竟应该是单一的独尊，还是百家争鸣的多元平衡？

如果不能清楚地回答这些问题，我们的国家，我们的民族，就会始终停留在文明话语权缺失的状态。

我们陷入了奇特的"史障"困境

有一种物理现象叫音障，说的是航空器逼近声速时产生巨大而尖厉的音波震荡障碍。只有突破这一障碍，航空器才能达到超声速飞行。

类似的社会现象，我们可以称之为史障。特定的国家与民族，其社会发展到某种文明突破的临界点时，几乎必然会出现一种对既往历史根基的困惑与迷失，以及由这种困惑与迷失所衍生的社会精神的探索波澜。只有突破这种困惑与迷失，只有推进并深化这种精神探索，才能实现真正的文明跨越。

这种逼近文明突破期而产生的史障，在欧洲中世纪的末期出现过。欧洲人以文艺复兴与启蒙运动的历史形式突破了史障，实现了文明的突破与跨越。在中国，这种逼近文明突破期的史障正在出现，或正在酝酿，但距离突破史障尚远。

中国人的文明史意识，已经沉睡得太久太久了。

就普遍意义而言，在中国人文学界的视野里，只有中国历史，没有中国文明史。换言之，我们的学界只拥有如山如海的历史资料，只拥有对无数历史事件的考据成果，只拥有无数编年纪事的中国通史或者断代史，只拥有无数个专业领域的专门史，只拥有无数个地方区域的地方志整理与地方史记述，等等。从考据意义上说，我们自有纪年的历史起，几乎达到了每一天都有史可考的地步。

但是，我们没有系统整理中国文明发展脚步的历史学成果，甚至在历史研究中渗入文明研究理念，也还很不普及，甚或还是凤毛麟角。许多史学著作，虽然冠以"文明"名号，实际上依然是事件整理，或文物遗存考据，或地下发掘考据，远远没有达到文明史研究的水准。也就是说，关于五千年中国文明的特殊历史形态，中国古典文明的基本发展阶段，中国古典文明的特殊历史性质，中国统一文明的正源在哪个时代，其后又经过了什么样的演变阶段，我们文明史的最基本坐标（最重大事件与最重要人物）等，我们都没有一个接近于社会共识的说法。

正是这种关于文明与文明历史的失语，形成了我们在新的历史转折关口的一种无比奇特的史障。长久的沉吟迷思，既无法对浩如烟海的史料作出基本的文明价值评判，也无法确定未来的突破方向。

突破史障的第一步：确认我们的文明根基

我们的文明历史有五千余年。我们的发展道路是极其特殊的。

说极其特殊，因为我们的古典文明形态，在全世界是独一无二的大文明系统。无论相比于欧洲，还是相比于美洲、非洲，抑或是相比于亚洲其他国家，中国文明都是一个由庞大系统构成的独一无二的文明体系。对如此一个拥有漫长历史而又在自己的土地上绵延相续至今且庞大无比的文明系统，世界说不清其中诸多的要害问题，是可以理解的。但是，中国人同样说不清其中最基本的若干问题，就是非常奇怪的了。

我们拥有最庞大的文明体系。

我们却没有与之相匹配的中国文明史研究体系。

这就是我们文明话语权的困境，就是我们的史障。

突破这一困境，突破这一史障，首先的一步，是要说清我们的文明根基。

我们的文明，从神话时代就已经开始了。虽然，鉴于缺乏文字记载的可靠性，我们可以将神话时代大体先搁置一旁，而只在思维方式的意义上研究中国神话的特殊文明价值。但是，从黄帝时代开始，我们的文明脚步已经是清楚的，是越来越清楚的。之后，我们历经了近千年族群大联盟文明的发展，在大禹治水的后期，我们进入了国家时代。

此后，历经夏（早期邦联制国家）、商（成熟邦联制国家）、西周（经典联邦制国家）、春秋（突破联邦制时代）、战国（大分治时代)、秦帝国(大统一时代)六个时代。

从文明史的意义上说,这六大时代,分作三大历史阶段:第一阶段,夏、商、西周,是我们的国家文明由邦联制向联邦制不断跨越的历史阶段;第二阶段,春秋、战国,是我们的文明以不断走向分治的历史形式,酝酿新的文明突破的历史阶段;第三阶段是秦帝国统一中国,进而统一中国文明的历史阶段。

自秦帝国创建中国统一文明开始,我们的文明形态在此后两千余年没有变化。

这就是说,历经近两千年的六次历史大锤炼,我们终于实现了文明大爆发与文明大飞跃,形成了全人类古典社会最为发达、最为成熟、最为稳定的统一文明。在全人类的历史上,历经六次大翻新、大锤炼、大创造而最终成型的稳定文明,只有我们。

我们的文明体系总根基,是六大时代。我们的统一文明根基,是秦帝国时代。

我们的统一文明在流变中趋于僵化腐朽

自西汉汉武帝时期起,我们的统一文明开始了变形。

基于政治上的逆反心理,基于偏狭的"安定"意识,汉武帝时期的国家政权,自觉地尊奉一种保守主义的学说体系作为整个社会的意识形态,以利于对社会灌输服从意识。这就是"罢黜百家,独尊儒术"的文明大转折。这一转折的文明史意义,是第二代中国统一政权背弃了中国文明的多元化传统，仅仅将诸子百家中的一个学派，抬上了国家意识形态的宝座，而对无比丰厚的中国原生文明思想价值大体系，采取了自觉遏制的政策。

自此，儒家学说变成了国家的教化工具。

中国原生文明的多元思想价值体系，开始了国家遏制之下的萎缩过程。

由此，我们文明的创造精神渐渐趋于凝滞。其最大的危害，是中国的修史权力，以及国家对社会文化、教育、思想的发展方向的主导权力，从此交到了一个具有严重意识形态偏见的学派手里，别种理念不能染指。

中国文明史的萎缩趋势，由此开始，弥漫后世，未尝稍减。

自公元 10 世纪后期的宋代开始，中国文明严重下滑，进入了整个社会精神严重僵化的时期。宋元明清四个时期，历时近千年，中国社会出现了以"存天理，灭人欲"为基本诉求的理学体系，将原本已经是保守主义的儒家思想体系"提纯"到了极端僵化的非人类精神的"绝学"境地。由此，出现了扼杀思想活力、扼杀自由创作的文字狱；强化了迫使社会知识阶层皈依意识形态教条的科举制。这一时期，中国民族的思想文化，已经发展为严密的绝对教条体系，进而衍生出弥漫整个社会的教徒式治学风习。

中国社会的理性精神、探索精神、正义精神、百家争鸣精神、原典创造精神等，基本上被窒息，基本上被扑灭。知识分子只能以钻研经书、考据注释、官方修史、整理笔记、撰写游记等方式，作为治学正统途径。整个社会人文领域，堕落为一种"只能解释，不能创造"的庞大的神学院体系。秉持思想创造精神的个别学者，被整个社会与官方视作大逆不道。社会实用技术的研究，则被冠以"奇技淫巧"的恶名，受到正统意识形态的极大轻蔑。

在如此僵化的社会状况之下，宋代以后的中国社会，民族进取精神日渐委顿，国家竞争意识几乎泯灭，绥靖主义思潮大肆泛滥。另有外部入侵，大规模的汉奸政府、汉奸军队、卖国条约、割地求和、镇压抵抗力量等种种恶行，滋生于中国大地，成为整个中国历史与世界历史的丑陋奇观。

这，就是今天我们脚下的社会历史土壤。

这样的社会历史土壤，能作为我们实现文明跨越的历史根基吗？

在文明继承的意义上，我们必须具有一种立足于整体中国文明史的大器局、大气魄。我们的文明视野，必须高高越过两千余年的文明停滞期，直接与我们的原生文明时代实现精神对接，直接与我们的文明正源实现精神对接。

那里有我们的光荣，那里有我们的梦想，那里有我们的大阳精神，那里有我们的凛凛风骨，那里有我们如山岳如大海的原典世界，那里有我们的国家竞争精神，那里有我们的民族血气与大争之心，那里有我们实现凤凰涅槃的文明圣地……归根结底，那里是可供我们坚实矗立的历史土壤，那里是我们实现历史飞跃的无比广阔、无比丰厚的文明资源宝库。

我们的整体困境：世界文明的沼泽期

人类文明的发展面临着前所未有的整体困境

从距今三千余年的古巴比伦王国开始，人类各民族相继进入了国家时代。

以国家为单元的人类文明的竞争演进，迄今已经有五千余年的历史。

漫漫岁月，沧桑变幻。人类文明在灾难与收获的交互激荡中拓展伸延，已经由缓慢发展的古典文明社会，进境为发展速度骤然提升的工业文明时代了。但是，文明的进境与发展速度，并没有从根本上改变人性，也没有改变人性的基本需求，更没有改变人类面对的种种基本难题。贫困与饥饿依然随处可见，战争与冲突依然不断重演。古典社会曾经反复论争的种种基本问题，并没有因为工业与科学的创新而消弭。甚或相反，科学的发展，交通的开拓，信息的密集，使人类的生存空间更加狭小，生存资源更显贫乏，各种冲突更为剧烈、更为残酷、更为全面。

我们蓦然发现，当下的人类世界，面临着一个整体性的困境。

这个整体困境就是，人类技术手段的飞速发展与人类文明停滞不前的巨大矛盾。

一方面，我们的生产能力，我们的科学发现，都在日新月异地发展；我们对宇宙空间的普遍探索，已经拉开了绚烂的序幕；我们对人类生命的微观认识，已经达到了相当的高度，也许不远的将来，我们对复制生命的探索就会成为现实；我们的物质生活水平，获得了较为普遍的空前改善，世界一部分人的生活水准与享受方式，已经进展到令任何古典贵族都瞠目结舌的地步；在人类社会的整体结构方面，我们已经拥有了解决人类共同问题的跨越国家政权的世界组织——联合国，我们几乎已经迈入了建立世界性文明秩序的门槛。这一切，似乎都很美好。

可另一方面，我们的文明发展却停滞不前，我们的道德水准正在急剧下滑。

腐败与堕落的生活方式，充斥着发达国家与欠发达国家的另一极；巨大的浪费与极度的匮乏并存，形成了令人触目惊心的两极差别；对遍布世界的贫困、饥饿与天灾人祸，发达国家有着普遍性的淡漠，共同救援组织的所谓作为，始终停留在杯水车薪与虚应故事的层面上；人类的文明教育，对欠发达地区普遍存在的文化缺失现象无能为力，致使主要以这些地区为社会土壤所滋生的邪教组织以及恐怖主义势力不断蔓延，并与各个国家的分裂势力相融合，掀起了前所未有的人类文明的沙尘暴；作为世界组织的联合国，则日益沦为少数强势国家操纵下的某种机器，其主持正义与伸张公理的能力已经微乎其微；掌握最先进战争手段的强国，依然醉心于价值观的输出，醉心于意识形态的对峙，忙碌于对世界资源的巧取豪夺，忙碌于富裕集团对全球利益无休止的分割；结构与目的同样混乱的各种军事同盟，不断在世界范围内出现，都在像堂吉诃德一样地盲目寻求与风车作战；曾经百余年领先世界，并曾以炮舰强权主导世界文明进程的资本主义国家集团，已经在一场首先爆发于其心脏地带的经济大危机中，褪尽了"活力无限"的光环，显示出空前的国家疲惫与制度弊端；对"世界警察"的普遍不满正在不断地弥漫增长，在某些地区已经淤积为深刻的仇恨，并且以丧失理性的恐怖主义方式不断爆发出来。

面对种种灾难与整体性困境，我们的世界陷入了一种万事无解的尴尬局面。

从总体上说，我们这个时代，解决普遍问题的能力正在急剧衰减。极端化的例子有两个：一个是实际争端无法解决，即对很小面积且有争议的领土与海域资源，大多数相关国家宁可兵戎相见，也不愿意接受"搁置争议，共同开发"的开阔思路；另一个是文化争端，强权国家在炮舰时代通过侵略战争方式抢劫了大量世界级文物，无论被抢劫国家如何呼吁，强权者都只是颇有"绅士风度"地耸耸肩了事。

更重要的是，我们当下的时代，已经丧失了文明发展的主题与方向，丧失了一个时代应该具有的主流精神。曾经主导世界文明秩序的列强力量，已经无法创造出新的人类精神，更无法以高远的视野、开阔的胸襟，平衡人类的利益冲突与价值冲突。这种曾经的主导力量，正在各种实际细节争夺与意识形态对峙中持续地沉沦下去。

世界秩序失去了曾经的主导精神。人类的基本价值理念，正在迅速地模糊化、逆反化。

真正值得忧虑的是，面对如此巨大的整体性困境，面对如此重大的人类文明危机，世界政治家阶层却是空前麻木，既没有自觉感知的理性揭示，也没有奔走呼吁的世界精神与天下意识，更没有高瞻远瞩、联手协力的主动磋商应对战略。频频举行的形形色色的高峰会议、强国集团峰会，除了发明出种种时尚而庸俗的外交秀，在圆桌会议上争吵议论的，几乎都是中世纪地主一样的利益纠葛。整个人类所期待的着眼于解决基本问题的诉求，在我们这个时代的政治家视野里，已经消失得无影无踪。

这个巨大的整体性困境，使世界文明的发展陷入了极其罕见的沼泽期——

无论是前进或是后退，如果我们盲目作出反应，我们就有可能全面沉陷下去。

结束困境的途径只有一个，要从对人类文明发展史的审视中，寻求我们的思维突破。

人类文明如何走出第一次沼泽期

在世界文明发展史上，一个时期的突破经验，给我们提供了讨论路径。

这个突破时期，就是人类结束第一次文明沼泽期——中古社会的历程。

中古文明沼泽期,在西方,是指罗马帝国后期及罗马帝国灭亡后一千余年的文明停滞期。在东方的中国,这个时期开始得要更早一些,是指秦始皇创建的中国统一政权灭亡后两千余年的文明停滞期。在这样的文明停滞期,人类在技术层面上都获得了某种程度的发展,尽管速度很缓慢;但在文明形态的发展上,却始终是徘徊不前的。这就是我们所说的文明沼泽期,亦即文明史的停滞期。

这里,一个逻辑的环节必须清楚:什么是文明意义上的发展?

文明,是人类在"自觉的精神,自觉的秩序"意义上的整体生存形态。文明意义上的发展,最重要的基本点,在于社会制度的创新,在于社会生活方式的普遍提高,在于社会生产方式的普遍改变,在于社会价值观念与社会主流精神的历史性跃升。在人类社会的整体发展中,生产手段(技术)的局部更新,并不必然与文明发展相联系,更不必然等同于文明发展。古典社会在某个领域的技术手段,完全可以达到当代技术无法复制的地步。但是,仍然不能由此而说,古典时期的文明发展程度比当代要高。因为,技术手段如果不能发生普遍性变革,从而达到激发整个社会文明发生普遍变革的程度,技术就永远是局部的生产手段,而不是文明的历史坐标。

中国在隋唐之后的历史现象,很能说明技术发展不能等同于文明发展的道理。

东方中国的四大发明,其中的两大发明——火药与印刷术,在公元 10 世纪前后的宋代获得了极大发展;中国的古典数学,在元代出现了新突破;中国的古典筑城技术,在明代达到了最高峰;中国的古典园林技术，在清代达到了最高峰。这些，都是古典科学技术的很大发展。但是，中国的宋元明清四代，恰恰是中国文明严重下滑、社会严重僵化的时期。这四个时期，历时千余年，中国出现了以"存天理，灭人欲"为基本诉求的理学体系，出现了以扼杀思想活力与自由创造为基本诉求的文字狱，强化了以迫使社会知识阶层皈依意识形态教条为基本诉求的科举制，又衍生出弥漫社会的考据学风。由此，中国社会的理性精神、探索精神、创造精神，基本上被窒息，基本上被扑灭；知识分子只能以钻研书缝、考据细节为治学之正统途径；秉持思想创造精神的个别学者，被整个社会与官方视作大逆不道；社会实用技术的研究，在这一时期被冠以"奇技淫巧"的恶名，受到正统意识形态的极大轻蔑。甚或，宋明时期还对中国文明的历史遗产进行了全面清扫，连荀子这样具有客观立场的战国大师，也被请出了孔庙，并有了极其荒唐的"灭荀运动"。至此，中国的修史权力与对社会文化思想的主导权力，彻底全面地落入了具有严重意识形态偏见的唯一一个学派集团手里。思想领域的客观公正精神，社会学派的多元发展，从此消失殆尽。如此"教化"之下，宋代以后的中国社会，民族精神日渐委顿，另有外部入侵，大规模的汉奸政府、汉奸军队便滋生于中国大地，成为整个中国历史与世界历史的丑陋奇观……

正是在这样的意义上，我们说，中古社会是人类文明发展的沼泽期。

同是人类文明的第一次停滞期，西方社会的文明突破取得了历史性成功。东方社会的中国，却陷在了文明沼泽期，长期不能自拔。

无论这种差别的背后隐藏了多少历史的奥秘,我们都暂且搁置在一边。这里最重要的问题是,西方的欧洲如何突破了中古社会的文明沼泽期,它给当代世界提供了什么样的历史启示?

欧洲的文明突破,经历了两个历史阶段,历时四百年左右。

第一个历史阶段是发端于 14 世纪而弥漫于 16 世纪的文艺复兴。最简单地说,就是欧洲的艺术家们最先深感中古社会的僵化窒息,开始怀念并召唤古希腊与古罗马时代的鲜活艺术精神,并实践于当时的宗教艺术创作。由此滥觞,欧洲社会渐渐开始了对远古文明的重新思索,其文明目光高高越过了千余年的中古时期,而与古希腊、古罗马文明直接实现精神对接!也就是说,欧洲社会思潮将自己所要继承的文明根基,确定在了已经远远消逝的古希腊古罗马时代,而不是当时的中古文明传统。

应该说,这是文明发展史上最伟大的思维方式的突破。

第二个历史阶段是从 18 世纪初弥漫西方的启蒙运动,到 19 世纪普遍爆发的资产阶级大革命。这一时期的思想创新,是文艺复兴的直接延续。具体说,就是社会思潮对如何重新构建国家体制、如何重新确立价值观念所进行的理论大探索。启蒙运动的思想成果,通过英国大宪章运动的君主立宪方式,或通过法国大革命的方式,波及了整个欧洲与北美,实现了普遍的制度大创新与文明大创新。

从此,人类文明进入了资本主义时代。

请注意,人类突破第一次文明沼泽期的基本方式,是诉诸理性的。

突破中古文明沼泽期的历史过程,对于我们这个时代有着极其重要的历史启示。

　　这一启示的核心方面是：要实现真正的文明跨越，就必须认真审视历史上曾经存在过的各种文明形态的合理价值，不能以当下自己的本体文明为唯一的价值观；只有大大放宽文明视野，以超越本国文明、本民族文明、本时代文明的历史高度，有勇气与不同的文明价值观实现自觉比较、自觉对接，才能最大限度地吸收其他文明的合理价值，才能完成对自身文明的创新与重建，才能找到新的文明出路，同时最大限度地影响世界文明的进程。

　　东方中国有一句古老的成语：他山之石，可以攻玉。

人类第二次文明沼泽期是如何形成并延续至今的

　　进入资本主义文明时代，人类获得了空前的发展。

　　但是，很快地，人类就陷入了第二次文明沼泽期。

　　至20世纪初，资本主义的文明发展仅仅只有百余年时间。对于一种新生的文明形态，这是很短很短的历史。由于生产方式的全面跃升，由于价值观念的重新构建，由于社会制度的创造变革，资本主义文明体系一度给整个人类带来了巨大的进步，使人类文明的发展出现了新的曙光。

　　可是，作为文明形态的资本主义，有着一个根本性的缺陷。这一缺陷就是：在对待国家关系与民族关系的价值理念上，资本主义以动物界的丛林法则为根基，而不是以人类合理的竞争精神为根基。

由于这一根本性的价值观，资本主义作为一个国家群体出现的初期，就没有对普遍落后于它们的国家与民族，采取正当竞争的手段，以达到推动人类文明共同前进的目标。恰恰相反，资本主义文明体系一开始成长，就立即利用自己的全面优势，对国内社会开始了残酷的原始积累，对外部世界则开始了战争征服、暴力掠夺与残酷杀戮。

在资本主义生命的本质结构中，没有担负世界道义的基因。

资本主义文明的最主要基因，是将实力征服理念尊奉为国家关系的核心价值观。

在文明的人性根基意义上，这是人类的恶欲文明。

由于这一本质因子的迅速裂变，第一次世界大战在20世纪初便骤然降临了！

此前，资本主义对全世界无比宽广丰厚的"无主"财产，包括尚未以国家领土形态存在的陆地与海洋，通过"发现""开发""购买"等方法，已经大体完成了争夺式的分配；对全世界落后国家中潜藏的物质财富与商业利益，则通过局部战争、炮舰通商、毒品通商等方法，完成了对世界殖民地势力的划分。至此，举凡人类可以居住的地球环境，已经基本上都变成了国家形式的"有主"财产。

可是，实力与恶欲一起膨胀的资本主义文明并没有就此满足，争夺的范围迅速转向内化——世界资本主义国家间的征服与争夺大规模地展开了。第一次世界大战，以欧洲为中心，波及全世界，从1914年打到1918年，牺牲人类生命两千多万。战后的人类世界，开始了弱肉强食的混乱争夺，变成了战争胜利者对世界利益的瓜分。世界近代史上宰割弱国的绝大部分不平等条约，都是在这一时期

"签订"的。

至此，人类文明的发展，进入了第二个停滞不前的沼泽期。

第一次世界大战结束后，这一文明沼泽期更趋恶化了。持续恶性膨胀的资本主义文明，滋生出了最大的文明灾难——法西斯主义。短短21年后，以德国法西斯主义为中心，世界三大法西斯主义国家结成了邪恶轴心，向全世界开始了种族屠杀与灭国战争。这场真正的全人类战争，历时六年，牺牲人类生命一亿有余。1945年，当第二次世界大战结束的时候，整个世界陷入了普遍的贫困与饥饿，人类的地球一片萧条。

经过这次极其惨痛的人类全面战争，资本主义文明体系终于作出了一定程度的文明反思。这一反思的基本点是：真正对人类存在构成毁灭性灾难的，是资本主义文明自身滋生的无限度的国家恶欲，而不是不同文明、不同意识形态的国家；以"争夺生存空间"为目标，以种族灭绝为手段的法西斯主义，是整个人类的极恶势力，其膨胀的结果是毁灭包括资本主义自身在内的整个人类；要防止这种整体毁灭的灾难，必须建立某种世界秩序。

于是，世界出现了联合国，人类有了大体的秩序，发动战争的难度加大了。

非常值得注意的历史现象是，社会主义文明形态在这次文明沼泽期出现了。

社会主义文明体系，是与资本主义文明体系对立的人类文明的不同形态。这种思想体系的最早根源，产生于对资本主义极恶作为的严厉批判。这一理论体系，伴随着第一次世界大战的动荡与混乱，迅速在全世界普及，并相继产生了一系列以这一理论体系为根基的国家政权——社会主义国家。

从文明本质上说，社会主义体系立足于穷困人群与落后国家的自由解放，具有天然的人类文明胸襟；从文明的人性意义上说，社会主义文明体系是人类正义与良知的觉醒，是人类的善性文明，与资本主义的恶欲文明直接对立。社会主义文明所诉求的人类境界，社会主义文明所秉持的国家关系、民族关系的价值原则，都比资本主义要更高。如果按照正常的历史逻辑，并保持不间断的发展，人类在这两种不同本质的文明体系的对立与竞争中，完全有可能达到新的突破，新的平衡，新的发展，出现类似于人类突破第一次文明沼泽期那样的文明理性的历史跨越。

但是，社会主义出现了历史的变异，曾经的社会主义国家体系消散了。

这种"解体"式变异的最根本原因，潜藏在社会主义实践与社会主义原发理论体系的矛盾之中。按照社会主义理论体系的本质，要求其国家形态必须建立在比资本主义工业与科学更为发达的社会基础之上，才能有效实现比资本主义更为高级的社会主义文明，才能推动整个人类文明向健康方向发展。可是，由于种种错综复杂的历史原因——主要是资本主义的极恶掠夺，促使受害方必须最快地寻找到反抗资本主义的思想武器。于是，社会主义恰恰诞生在许多贫困落后的国家。正是由于实践方式与理论本质的相对脱离，社会主义国家在发展历程中，发生了很大的变异。

这一历史变异，给资本主义重新崛起留下了巨大的历史空间。

人类文明的发展，失去了总体制约，失去了总体平衡。资本主义重归"垄断"，其恶欲本质立即重新膨胀起来。曾经的文明突破的希望，迅速地湮灭了。我们这个时代，又迅速回到了几乎没有中断的文明沼泽期。

当然，这次沼泽期与两次世界大战造成的沼泽期，不是完全相同的。

新沼泽期有所变化，其基本点是：

1. 少数几个信奉社会主义的国家，仍然以各自不同的历史形式存在着，社会主义文明仍然以某种不断改革的方式继续发展着。

2. 资本主义对待国家关系的丛林法则，有了多种形式的变化。最主要的变化是，发动战争的主要诉求，演变为人权与民主。战争胜利之后，一般不再提出直接的领土要求，而代之以种种方式的利益置换。

3. 整个资本主义价值体系经过了很大改造，资本主义原教旨的丛林法则被隐藏起来，其核心价值观被限定在"科学、民主、人权"三个方面。改造后的资本主义核心价值观，打造出了多元而强大的文化载体，向世界各国进行强大输出，某种程度代替了经典的炮舰政策，代替了直接的战争掠夺。

4. 核威慑、常规高科技军事力量威慑、经济制裁三大手段，成为谋取资本主义国家利益并维持强权的主要实际方式，某种程度地取代了野蛮的直接侵略；对各种世界组织的精致操作，取代了赤裸裸的要挟；对世界资源分配的操作，具有精致的"商业方式"，某种程度地取代了"横刀立马"签订不平等条约的粗野方式。

资本主义文明体系，戴上了白手套，拷上了金手杖，以绅士风度出现在人类历史上了。

可是，整个世界对资本主义文明的不理解却在日益加深，对资本主义发达国家的不信任有增无减。甚或，局部地区与民族对资本主义最强势国家的仇恨，变得更加深刻，更加不理性。由此产生的恐怖主义势力与各国分裂势力相融合所掀起的文明沙尘暴，几乎成为普遍灾难。世界任何重大的基本问题，都得不到有效的磋商和有效的解决。世界任何声音，都失去了让整个人类认真聆听的力量。

这就是我们这个时代的整体矛盾，整体困境。

我们的出路在哪里？

资本主义国家关系准则的改变是突破文明整体困境的基本点

依据人类的基本哲学观，任何矛盾的主导方面，都在强势一方。

在资本主义文明体系还依然主导世界进程，社会主义文明还处于相对缓慢成长期的总体格局下，我们要讨论世界文明走出整体困境的历史突破点，其第一个着力点，一定是对资本主义文明所奉行的国家关系准则作出反思。

在国家时代，人类文明的全面发展，永远依赖于国家关系层面上的首先突破。

人类世界目下面临的这种文明困境，其最基本的根源，在于资本主义国家集团的表面理论与实际作为的极端矛盾性。这种极端矛盾的实际表现形式是：一方面，资本主义强势国家集团，以经过重大改造的价值观体系为旗帜，大力向全世界输出"科学""民主""人权"的价值观。另一方面，在不间断的局部战争中，任意入侵、肢解与自己有文明差异和意识形态差异的国家；对与自己有实际利益冲突的国家与地区，则毫无商量余地，坚决以战争方式解决；对所谓的"利益相关地区"，则绝对地以自身价值观念为唯一法则，进行以军事威慑为后盾的"会谈"，如若不从，则战争随后；对不服从于自己的小国，对有文明差异的落后地区，则以强势制裁为主要手段，拒绝平等对话；对"潜在对手"国家，则竭力以敌对军事同盟包围等手段全面遏制；即或是商业进出口贸易，也绝对地以褊狭一己的国家利益为准则，动辄祭起单方标准的"制裁"手段，全然不顾平等的通商原则。

凡此等等，不一而足。

这种自相矛盾，意味着一种令人不愉快的事实——资本主义的强权征服价值观，依然是资本主义文明的根基，并没有因为论说形式的变化而发生根本性变化。

如此发展下去，人类文明要走出这一沼泽期，希望是很渺茫的。

资本主义强势集团的国家关系准则，如果能发生真正的改变，则这种文明突破的进程无疑将会大大加快。至少，以下的四个方面，应该有可能改变：

其一，抛弃意识形态对立，抛弃文明差异歧视，不以军事同盟围堵遏制这些国家，而是与全世界国家展开真正的良性竞争，给世界不发达国家一个相对公平的竞争环境。

其二，对各个地区国家间的实际利益争端，包括有争议的小面积领土与海域，若必欲介入，应该以真正公平的精神做真正的仲裁者，譬如组织庞大的历史学家、科学家集团进行全面调查，向全世界公布调查结果，在此基础上作出裁定，而不是一力维护同盟国家，压制不发达国家或"潜在对手"。

其三，对资本主义的原罪，应该全面清理。至少，应该将在炮舰时代公然抢掠各国的世界级文物归还本国，并作出赔偿。

其四，对主要以资本主义国家为土壤滋生的法西斯主义、军国主义思潮，应该严厉禁止；不能只对不发达国家滋生的恐怖主义严厉出击，而对滋生于人类自身的更大的恐怖主义思潮采取怪异的容忍政策。

一种文明体系核心价值观的改变，是非常非常困难的。

资本主义文明，能否成为人类走出整体困境的主要动力，尚需历史给出答案。

资本主义文明，如果错过了这次为整个人类文明的发展承担道义的历史机遇，其前途必将是全面黯淡，全面衰落。在此期间，无论它获得了多大程度的技术发展，都难以逃避文明整体衰落的历史命运。

走出中国历史
意识的沼泽地

一

　　世界各个文明民族、文明国家，都有自己独有的历史意识。

　　这种历史意识，主要指一个民族一个国家对自身文明历史所拥有的基本共识。这些共识，至少包括四个基本方面：1.该国文明成熟定型或达到高峰（原生文明）的历史时期；2.该国文明成熟定型时代的最主要历史坐标——代表人物、重大事件、重大思想体系等；3.该国文明历史在成熟定型之后的演变脉络，文明发展主要的历史阶段；4.该国文明形成发展的主要历史经验、主要历史教训等基本评判。是否具有这种历史意识，以及这种历史意识是否清晰，是判断一个民族一个国家在自我认识方面所达高度的重要标准。历史意识决定着一个国家一个民族在走向未来的历史过程中是否心中有底，是否具有清醒的历史方向感。

　　我们不能说，世界所有文明国家，都具有清晰明确的历史意识。但是我们可以说，世界最重要的一些文明国家，都具有这种清醒的历史意识。

在世界文明大国中，只有中国民族的历史意识是一片沼泽地，烟雾泥泞、重重交织。在表现为上述四个基本方面的历史意识中，我们没有一个方面是清楚的。不是说所有人都不清楚，而是说，我们在上述四个基本方面，缺乏最基本的社会共识。我们的问题事件、问题人物、问题时代层出不穷。譬如，春秋战国秦帝国三大时代，依据现代文明理念评判，是我们的原生文明高峰期，是我们的原典时代，是我们的文明圣土；可是，两千余年来的"二十五史"，却一直在咒骂指斥这三个时代，当今社会也对这种陈腐的咒骂指斥有着广泛的共鸣。譬如对秦始皇帝，譬如对孔夫子及其儒家，等等，我们都还陷在最基本的长期争论之中。在俄国，指斥彼得大帝的人，绝对是极少数。在美国，指斥华盛顿的人，也绝对是极少数。可是在中国，指斥秦始皇帝的人，绝对不会是极少数，甚或可以说是大多数。

所有这一切，都意味着我们民族要走出历史意识的沼泽地，还有很长的路要走。

在世界现存国家中，我们这个国家太过古老。唯其古老，唯其漫长，也就必然会有许许多多"老年病"。在1840年鸦片战争来临的时候，我们的"老年病"几乎导致了我们文明的灭亡。那时候，我们成了世界列强的一块历经漫长岁月腌制的丰厚的"古老肉"，任人宰割，任人鲸吞。时间过去一百七十余年，我们的城市生存方式已经在表面上跨入了当代物质生活水平的前列。可是，我们的文明发展程度依然是农业文明的根底，种种严重问题上下头疼。我们广大农村世界的大部分，更是"淘洗正未有穷期"的残农业文明生存状态。我们的整个社会，陷入了沉渣已经被搅起，却没有过滤方法的严重困境。

中国文明向前发展，方向何在？

从国家高层到中国公民，每个人都面临着"我是谁？我要到哪里去？"的严峻考问。

历史给不给我们时间，并不由我们决定。

但是，我们愿不愿意思考问题，解决问题，却是我们自己的选择。

二

我们这个国家，陷入严重的历史意识沼泽地，有着种种深刻的历史现实原因。

就既往传统说，主要有两个基本原因。

其一，我们蓬勃多元的思想体系，在西汉武帝时期发生了一个重大转折。

这个重大转折，是中国骤然由多元化（百家争鸣）的不同思想形态，转入了宗教式的一家"独尊"，转入了一元化形态。由于被"独尊"的儒家，是诞生于春秋时代的一个坚定的复古学派，对当时社会的种种新潮变革，持强烈的否定与反对态度，对当时社会种种偏离王道礼治的新变化，也持强烈的否定立场，因此，孔子、孟子及其儒家，在春秋战国秦帝国三大时代，变成了时代潮流的弃儿。

这一深刻的历史原因，导致儒家学派对遗弃自己的三大文明高峰时代怀有极深的偏见。在此后占据文化霸权的历史条件下，儒家对三大时代进行了全方位的攻击与否定。这种攻击与否定，伴随着对三大时代社会求变与创造精神的否定，伴随着教化人民恭顺服从皇权统治的保守内敛思想，而这些思想却被历代皇权政治奉为圭臬。于是，对三大时代的否定，与皇权制度对儒家保守思想体系的需要相结合，就渐渐演变为浓厚的官方意识形态的历史评判。自此，我们的历史意识出现了第一个巨大的历史断裂——实际继承了中国统一文明的框架，理论上却彻底否定了诞生中国统一文明的时代，形成了历史意识沼泽地的畸形生态。

其二，自"独尊"时代开始，我们的修史大权，就被儒家全面掌控了。

自司马迁的《史记》开始，修史的评价选择权，就属于儒家思想了。我们尊重以司马迁为代表的儒家学人对中国文明历史的系统整理。但是，我们必须看到问题的另一面：儒家以孔子的"春秋笔法"为修史模式，对历史事件、历史人物、各领域专史等，都仅仅以儒家价值观衡量取舍，并进行直接评价。由于儒家的文化霸权，这种评价与取舍，迅速演化为官方标准，又迅速演化为入仕的取舍标准。及至科举制出现，这一标准又演变为国家制度与文化政策。自此，学人研究历史、陈述思想，必须以儒家标准为标准，否则只能被国家遗弃。

那么，儒家的历史价值观，是否具有现代文明可以继承的基本面呢？

如果有，当然万幸了。可惜的是，儒家的历史价值观非但与现代文明理念格格不入，即便与春秋战国秦帝国三大时代相比，也是陈腐的。简单举例说，《史记》有先秦人物传记二十八篇，涉及人物数百。举凡对文明发展有重大贡献，对国家社会敢于负责、敢于牺牲的英雄伟人，《史记》都给予了种种批评。譬如对文种、吴起、商鞅、吕不韦、蒙恬、秦始皇等，都是如此。与此同时，《史记》对明哲保身、身在国家却不敢临难负责的人物，却作出了高度褒扬。譬如对范蠡、赵良、蔡泽、张良等，都是如此。赵良说商鞅的说辞，蔡泽说范雎的说辞，都充满了保守萎缩的逃避主义，《史记》却大篇幅记录，全面并正面评价。此后的史书，更是充满了此种类型的儒家式评价。

客观地说，西汉之前，中国文明的价值观体系是多元的。先秦时代，有儒家史观所认可的临难苟且明哲保身的人生哲学，但更有重义轻生的国家大义与社会正义理念。最简单地说，商鞅对赵良的反驳，范雎对蔡泽的反驳，就是这样的大义理念的体现。战国法家政治家为当时的变法运动作出的众多牺牲，更是这样的大义理念所支撑的。可是，儒家修史，唯以一家理念取代多元价值观，对曾经居于时代主流的众多大义行为与正义言论，都采取了否定性的评价，并且变成了官方立场，又渐渐变成了普遍的社会历史意识。

儒家的这种治史理念与史观，对中国文明史是不公正的。

沉积两千余年的儒家史观，已经使我们的历史意识严重沼泽化。演变的结果，使许多进步思想家与外国研究家，都对中国文明产生了严重误读。鲁迅说，中国书可以不读。柏杨说，中国文化是酱缸。20世纪80年代的一大批激进知识分子，更是秉持"黄色文明落后论"。这都是误读中国文明史的典型例证。

凡此误读，以及对中国古典文明的一揽子否定，都是基于我们的文明在西汉"独尊"之后的保守性、萎缩性、陈腐性、阴谋性、混乱性说的。因为，在西汉之后的中国文明价值观中，阳光的、积极的、健康的、创造性的、变革性的价值观念体系，已经被儒家钝刀一丝一缕地阉割了，已经被烟雾泥沼深深地遮盖了。

这种泥沼，是两千余年一层一层涂抹出来的。

三

自近代以来，西方思想的传入，对中国文明史又形成了新的误读。西方理念对中国文明史不适当的清理总结，又形成了新的泥沼烟雾。

"五四"时期将西方文明概括为两个基本点：一曰民主；二曰科学。用这两个基本点衡量中国的文明传统，产生了一种最简单的评判：中国文明一无是处，没有任何值得继承的东西。这种被中国人大大简化了的西方文明体系——"德先生"和"赛先生"，既不能全面认识中国文明历史，又不能合理解释中国文明历史。于是，在对中国产生新思潮冲击的历史作用的大形势下，又形成了新的历史意识泥沼。

这个思潮群，为中国问题寻找不到妥善的解决之道而破罐子破摔。于是有了百余年经久不散，甚或愈演愈烈的"全盘西化"思潮。这一思潮的实际操作，就是要我们自己拽着自己的头发，完全脱离中国文明的根基，全面走向以西方民主制为轴心的社会生存方式。对于一个有五千余年历史的独创的庞大文明体系，这种构想，这种历史选择，显然是丧失理性的轻率谋划。

与"德先生""赛先生"思潮不同的，是唯物史观对中国文明历史的另一种误读。

唯物史观传入中国之初，对中国文明历史基本上是总体否定的。以"原始社会—奴隶社会—封建社会—资本主义社会—社会主义社会／共产主义社会"的五阶段论解释人类历史的发展，曾经风靡中国思想界。此所谓社会发展史学说。后来，这种认定又被严重政治化，被称为"放之四海而皆准"的真理。于是，一种新的文明史评判就此形成：中国社会的发展与西方社会的发展，人类所有国家的社会发展，都是基于共同法则发展的；西方文明史是五阶段发展，中国文明史也是五阶段发展。

可是，随着当代文明史研究的日益深化，我们蓦然发现，中国文明远远不是唯物史观五阶段论阐释的那种样子。那种样子，只是西方欧洲社会的文明历史。至少，最基本的三个社会阶段，已经被证明是误读了。奴隶社会，在中国的夏商周三代基本不存在。封建社会，在中国则是一个牛头不对马嘴的基本概念，它所表述的社会状态，在中国从战国到清末都没有存在过。资本主义社会在中国，更是从来没有过。

当代中国与世界的普遍研究已经证明：中国文明从一开始，就是独立发展的特殊形态，就与西方的欧洲是完全不同的文明体系。在人类发展的长期历史上，中国文明体系曾经表现出远远高于欧洲文明的优越性。但是，她又不是西方文明那样的阶段发展形态。这就是说，唯物史观对中国文明形态与中国文明发展史作出的阐释与评判，实际上是将仅仅适用于欧洲的理论当作普遍原理在中国套用所发生的误读。

我们的历史意识泥沼，似乎越来越没有边沿了。

四

我们的文明史意识的现状，又是如何呢？

一个基础的传统与基础的现实是，以中国历史学界为基本阵地的中国人文研究，长期陷入技术主义境地。所谓技术主义，就是注重事件、年代以及种种历史具体元素的考据，注重编年叙述，而忽视以文明大视野审视历史，回答历史意识的若干基本问题。虽然，这种传统与现实的形成有种种历史原因，但是，中国学界学人自身的治学精神日益萎缩，也是一个基本的原因。这种治学意识，既使我们抬不起头，也使我们直不起腰。

当代以来，虽然我们已经有了一些文明研究理念，也有了一些以考古呈现为主的文明史著作，但是，我们期待的具有理清中国文明史意义的著作，几乎没有。或者说，这种文明史清理意识，还只是闪烁在史学家著作的字里行间，还远未形成具有真知灼见并集中深刻论述的文明史大著。世界各国历史意识形成的经验告诉我们，各国历史学界的大量研究成果所获得的共同结论，是一个国家历史意识形成的基础。从这一点看，我们的这个基础还远远没有形成。

中国文明史的真相，始终埋藏在扭曲的史观和琐碎的具体记载里。

中国人的历史意识，大部分还都是一堆集成的碎片。

中国面临新的历史机遇，我们的历史意识还非常之不适应。

中国的历史机遇，并不仅仅是有可能成为经济军事强国；更根本的历史机遇，在于我们正面临一个有可能出现的新文明跨越，一个真正从根本上强大自己、发展自己的转折点。这个新文明，就是工业科学与商品经济时代的文明。这个历史转折，就是中国从农耕文明形态发展到工业科学文明形态的跨越。应该说，这是我们历史机遇中最具有本质意义的一个机遇。既往，中国文明曾经有过两次历史大转折：第一次大转折，是由洪水时代跨入国家文明时代；第二次大转折，是由青铜文明跨入铁器文明。从政治文明的意义上说，第二次大转折就是由邦联制与联邦制文明，跨入中央集权的统一国家文明的大转折。

当代，我们面临着第三次文明大转折——由农耕文明跨入工业科学文明。要实现这种历史大转折、大跨越，可能需要很长的一个历史时期。但是，这个机遇与希望，是从我们这个时代开始显现的。因此，我们这一代人，就要作出自己的努力。至少，我们应该为未来的文明跨越做些先期的基础工作，完成"第一棒"使命。

所谓先期基础,最重要的,就是寻求我们这个民族新的强大的精神资源。

这个精神资源,就是走出中国历史意识的沼泽地,重建我们的历史意识,理清我们的文明历史根基,使我们这个历史时期形成的价值理念体系,足以成为我们子孙前进与跨越的精神根基。本书所作之努力,尽在于此。

永续不朽的历史奥秘：中国文明的三大历史特质

人类世界的国家文明历史，是一条漫长而艰难的路程。

在国家群落的纷纭兴亡中，我们也看到了中国文明的兴衰荣辱。

不变的事实是，中国跋涉到了最后，成为世界第一期国家群中唯一一个进入现代国家行列的古老国家。原生族群没有变，国土基础没有变，文明架构也没有变。也就是说，我们这个国家，是人类最古老的国家文明的唯一活体存在，是六千余年前的东方人种文明创造力的永恒骄傲。为此，研究中国文明的生命力，不仅仅是中国人的历史性课题，而且是整个人类的历史性课题。

人类世界要继续向前发展，就要有创建更高文明形态的历史方向。这一历史方向，不可能抛开既往国家文明发展所呈现的历史轨迹，更不可能抛开既往国家文明在生亡兴灭的历史实践中所积累的经验教训。我们既要尊重历史，我们又要修正历史轨迹的延长线，抛弃历史留下的垃圾遗产，进而尽可能明晰地确立我们未来的文明发展方向。

在这样的意义上，人类世界要无视唯一的一个从最古老时期一直有效存活到进入现代世界国家之林的文明大国的生命智慧，几乎是不可想象的。因此，无论当代世界如何以暂时居于强势的西方文明为主流，而有意识地忽视，甚或有意识地轻慢一切有关中国的话题；关于中国文明生命力的重新发现，重新开掘，重新整理与重新总结，都会以无可阻挡的现实脚步，迟早会成为整个人类寻求新的发展方向的最重大的探索课题。

无谓的骄傲是浅薄的。无端的自卑是猥琐的。

原生文明：中国文明的静态出发点时期

中国文明的生命力，取决于自身生成时期的历史特质。

这些历史特质，不是上天神灵赐予的，也不是我们生来就有的。相反，它是我们的远古祖先在长期的历史实践中创造出来，并且经过了严酷的历史实践的检验而定型，并最终构成国家文明根基的那些最基本的文明架构与文明元素。从理论上说，这些具有"天赋"基因意义的创造物，就是那些一旦在静态出发点时期被设定，此后便永远不可能变更的历史元素。这些最基本的文明元素，就构成了我们进入国家文明成熟期的历史特质，就变成了不可变更的国家文明基因。

什么是静态出发点时期？

从理论上说，静态出发点时期，就是决定事物本质的生发、成长及其定型的时间阶段。举凡自然创造物与社会创造物，都是如此。一个物种，在大自然环境中的胚胎生成阶段及生命体的成长阶段、定型阶段，就是它的静态出发点时期。某种海中生物，一旦上陆历经成长时期并定型为某种动物，其生命的本质结构便已经完成，其后无论如何演化（某种功能器官的进化或衰退），其作为某种动物的特殊本质，都不会改变。一种型号的汽车，其设计阶段及依据或修正设计图产出定型车辆的阶段，就是这一型号汽车的静态出发点时期，一旦问世（上市），其后无论如何修改外形，或增补内饰，或增强功能，都不可能改变其本质——根本结构。同理，一个民族或多个民族组成的民族群，在特定时期创造出一种国家形态，并历经一定历史时期的成长，定型为一种稳定的国家文明形态，这个国家文明的生成期、成长期与定型期，就是它的静态出发点时期，也就是决定它的本质结构的时期。此后，无论这个国家文明形态如何因为种种历史条件的变化而变化，或者变强大，或者变弱小，或者最终灭亡，或者一直走到最后，它的那些特定的本质都不会发生重大的变化。

国家文明的静态出发点时期，就是原生文明时期。

我们已经看到，在世界国家文明的历史发展实践中，除了倏忽生灭的许多小国家，世界各地区的主要大国，都有自己的原生文明时期。古希腊有，古罗马有，古埃及也有，古巴比伦与古印度同样有。虽然，因为历史黑洞太多，它们的原生文明时期并不那么清晰；但是，它们都曾经有过一个生成期与定型期，这是毫无疑问的。以相对清晰的古罗马为例，其生成期是公元前数百年的"狼孩"传说时代，直到罗马人的国家政权创立；其成长期与定型期，则由罗马早期共和制，直到执政官独裁制形成并定型；其后的皇帝制的罗马帝国，只是独裁制的进一步发展，是古罗马文明定型后的国家历史形式而已。也就是说，从公元前 700 余年的罗慕路斯兄弟建造罗马城而创建国家，直到罗马共和国定型为执政官独裁制（前三雄时期），前后历时七百余年，是罗马帝国的原生文明时期。其后，罗马帝国生存发展到公元 300 余年时两分，欧洲的西罗马帝国于公元 400 余年时灭亡，最终结束了欧洲最大古典国家文明的生命历史。

那么，中国国家文明的静态出发点时期，应该在哪里？

中国文明的静态出发点时期，就是中国历史上的原生文明时期。历史实践的呈现是：从舜帝时期的大禹治水到夏王朝建立，是中国国家文明的生成时期，大体一百余年；从商周两代到春秋社会，是中国文明的成长变化时期，大体一千余年；从战国到秦帝国，是中国文明的定型时期，大体三百年。从总体上说，这三个时期，包括了舜禹时期、夏、商、周、春秋、战国、秦帝国这七大历史阶段，都是中国国家文明的静态出发点时期，也就是中国的原生文明时期。

从秦帝国之后，中国文明进入成熟期，始终以统一文明的历史形态矗立于世界国家文明之林。所谓一种文明形态的成熟期，就是这种特定的文明形态已经没有了剧烈的形态结构变化，而进入了常态发展的历史时期；此后，决定这种常态发展生命力强弱的，就是那些在原生文明时期已经形成的历史特质。对这一历史演化过程的详细论说，我已经在三卷本的《中国原生文明启示录》中呈现出来，请有心深入的读者读之品之，这里就不再赘述了。

在原生文明时期，中国文明形成了鲜明的三大历史特质。

其一曰实践性与发散性的思维方式，其二曰强势生存，其三曰多元均衡。

从历史哲学的意义上说，这是中国原生文明最重要的三个基本方面。这三个基本方面，是中国文明最深层的原生设定。也就是说，所有具体领域（政治文明、战争文明、经济活动方式、生活方式、思想文化等等）的结构方式与核心价值观，都是在这三个原生设定所规范的框架内运行的，都是服从于这三个方面的原生设定的。

从这三个基本方面的关系而言，它们又不是孤立存在的，而是相互支撑、互为条件、相辅相成的一个有机整体。如同个体生命中的基因排列组合方式所具有的意义一样，原生文明三大历史特质的有机联结方式，就是中国文明历史特质的一部分。没有深厚的历史哲学意识的民族，是"读"不懂文明元素联结方式的重大历史意义的。

抽象的根基是具体。我们先来最简约地说说三大历史特质。

实践性与发散性的思维方式

国家文明的主体基础，是特定民族或民族群。

因此，主体民族的思维方式，对于它所创造的国家文明，无疑有着决定性的意义。一个必须强调的问题是，我们这里所说的民族思维方式，不是立足于今天的国家民族群智慧海洋而言的，而是立足于五千余年之前创造国家文明时期的族群思维方式而言的。那个时期生存在中国大地的先祖族群们以它们独特的思维方式，创建了我们最早的国家形式；因此，它们的思维方式的特点，覆盖了我们国家文明的方方面面，成为最具有决定意义的中国国家文明的历史特质。

揭示原初时代的族群思维方式特征，神话比较是一条路径。

神话是什么？是一个民族对自己的生命史前状态的追忆，是对自己生存环境所以形成的想象（创世）。神话对一个民族的意义，在于她饱含了这个民族对生命创造与生存环境创造的最原初的理解。在这个意义上说，不同的民族永远有着不同的远古神话。在世界民族之林的神话园地里，构成中国文明远源的中国神话，与构成西方文明远源的古希腊神话，是最为鲜明的具有两极对立意义的两种神话体系。对这两种神话体系的分析比较，能够相对充分地揭示两种不同的民族思维方式的本质性特征。

古希腊神话对人类史前世界的想象是被动的，是不包括人类的实践奋争在内的。在古希腊神话中，人类的一切原初出发点都是天神赐予的，人类的一切原动力也都是天神赐予的。人，是天神普罗米修斯与天神雅典娜创造的；火，是天神普罗米修斯盗给人类的；文字、家畜、车船，医药等，同样是天神普罗米修斯和他的天神朋友赐予的；爱情是天神掌管的，阳光是天神普照的；连人类的种种灾难，也是另类女神潘多拉释放的。总而言之，天神是人类进入生命存在的第一出发点，是人类进入文明创造活动的第一推动力；天神，是与人类不同质的生命存在，他们生活在大地之外的未知空间；人类就是人类，天神就是天神，两者具有不可逾越、不可转换的生存特质。显然，这种关于神人关系的想象力，渗透出一种区隔分明且静动有界的思维方式。

中国神话，与希腊神话截然不同。

在中国神话里，人类自身生命，人类生存环境，包括一切与人类生存相关的器物，都是半神半人的远古英雄创造的。盘古氏开天辟地，创造了与整个人类世界相对应的大自然环境。女娲氏造人，创造了人类生命的出发点。盘古氏与女娲氏，都不是希腊神话里具有完整神性的天神，而是神性与人性统一的中国神话里的"人神"。而人类一旦开始了生命历史的活动，中国神话与希腊神话便有了更为鲜明的差别。这一差别是：人类生存活动的基本点，都是人类英雄创造的，而不是天神赐予的。燧人氏钻木取火，有巢氏创造房屋，神农氏遍尝百草，后稷氏创造农耕；黄帝时代创造了衣裳、弓箭、指南车，鲧发明了筑城术，黄帝的妻子嫘祖发明了养蚕织帛，仓颉造出了文字，蚩尤发明了兵器，伯益发明了凿井，奚仲发明了车辆，共鼓、货狄发明了舟船，夷鼓发明了战鼓，伶伦发明了音乐，隶首发明了算数……

在中国神话与远古传说中，举凡人类生存所需要的一切根基，都是人群中的英雄人物创造的；完成了创造性业绩的英雄们，或在生前，或在死后，就变成了永远被人群敬仰的神。这就是中国神话传说中的"人神"——从开拓生存的众生中走来，从创造生活的英雄中走来。在中国神话中，人类生存活动的出发点，是人类自身活动创造的结果。神是人类个体英雄在族群精神中的神圣化；神可能成为人，人也可能成为神；神以人为根基，人以神为升华；人与神是可以相互转化的，人与神的生存状态与生存空间，也是具有同质性的，也是可以相互转化的。

远古神话的意义，在于它最充分地体现了一个民族的原初思维方式，也体现了这种思维方式在开始阶段所能达到的对世界的解释能力、解释方法，以及所能达到的解释高度。从文明史的意义上说，远古神话的个性，是各民族在不同的生存环境中所生发的第一组文明基因，是一个民族的思维方式及其所包含的理解力的最初根基。这种特殊的思维方式、特殊的理解能力，朦胧地涵盖了特定族群在此后的文明创造中的一切基本精神。

中国远古神话的历史特征已经表明，我们这个民族的原初思维方式，具有两个最基本的特质：一是实践性，人类的一切都是人的努力奋争达成的，绝无脱离人类实践的虚妄的天神赐予；一是发散性，事物之间绝无不可逾越的差别或障碍，包括神和人在内的一切都是可以相互转化的，变化与爆发是事物的常态，顺应天地人各方变化方能生存。

这两大思维方式特质，决定了其所创建的国家文明的一切特质。

与大自然之严酷紧密融合的实践性思维方式，决定了我们民族的勤劳奋发、不事虚妄的求实精神；与大自然丰富变化紧密融合的发散性思维方式，决定了我们所创建的国家文明始终具有"求变图存"的自觉意识，具有"顺天应人"的变革意识。尤其是，在世界国家文明进入到西方国家领先的近代社会后，我们民族仍然能够艰难地打破自我封闭状态，艰难地摆脱衰老腐朽的历史桎梏，放眼世界，寻求新的生命参照系，不畏浴血奋战，在一个具有最古老帝制传统的国家，既抛弃了"君主立宪制"，又推翻了帝制，先后两次建立了"共和",并且以历史大潮有效地淹没了帝制复辟的几次倒退;其在政治文明形式上实现自我再造的彻底性,已经超越了英国与日本等一批资本主义的"君主立宪"国家。客观地说,如果不是我们民族特有的立足实践的"求变图存"的思维方式,在我们这样的具有最悠久帝制传统的国家,恢复帝制几乎是必然的历史道路。帝制在中国所以不能复辟,正在于我们民族思维方式所达成的共同的精神基础,使整个中国社会再也无法形成帝制复辟的强大力量。

强势生存之理性精神

中国文明第二个历史特质,是强势生存的理性精神。

一个民族的生存精神,就是一个民族的生命状态。它不仅仅是一个民族一个国家在危难之时的终端表现——强悍的姿态与果敢的行动。这种终端表现,几乎是世界所有民族所有国家在面临危机之时都会有的,只是程度不同或结局不同罢了。从本质上说,强势生存精神,是一个民族所创造的国家文明的生命状态所具有的力量特质,也是一种文明形态的硬度特质;它包括了终端行动阶段,但又不局限于终端行动阶段。从根基上说,强势生存精神最主要的客观基础,在于一个民族的思维方式、认识能力及由此而产生的核心价值观体系,是否为这个民族提供了自觉而清晰的生存目标理念,是否为这个民族提供了强大的精神凝聚力以及坚实的文明自信心,是否为这个民族提供了为目标理念而能顽强奋斗并长期坚持的策略(方法）的经验资源。

强势生存，绝不是简单的强悍，而是一种深刻的理性生存精神。

我们民族五千余年的历史实践，已经充分证明了这种理性生存精神的全部历史内涵。在世界国家文明的历史上，中国并不总是强盛富庶的，中国对生存空间的开拓与扩张也是非常有限的。在中国历史上，从来没有出现过如同欧洲的亚历山大帝国、罗马帝国、中世纪"十字军东征"那样无限度的战争扩张；也没有出现过如同西亚地区的波斯帝国、阿拉伯帝国，甚或横跨亚非欧的拜占庭帝国那样的迅猛扩张；更没有出现过东亚蒙古人在强盛时期的世界性扩张风暴。中国有过许多次的贫弱时期，也走过许多的历史弯路，中国文明之舟也有因破损而不得已被打上的"文明补丁"——东晋时期北朝一百余年的诸胡统治、元代九十余年的蒙古人统治、清代两百余年的满人统治。

但是，无论中国如何危难多发，无论中国如何几次灭顶，无论中国如何走了许多弯路。从整体上说，中国民族强大而坚实的文明自信心从来没有丧失过，中国民族强盛而饱满的生命状态从来没有沦落过。危亡之时，我们总是保持着高度的民族救亡的激情与理性，能够紧紧抓住罕见的历史机遇，奋起反击外侮，迅速融合修复历史伤疤，立即重新回归到中国文明的大道上来；凡是曾经深深侵入中国民族机体的外来势力，凡是渗透于中国文明的外来文明，都被中国广阔的民族海洋与优势文明的魅力融合了。补丁也好，伤疤也好，最终都变成了中国文明的有机构成部分。

考验一种文明形态的生命力，最重要的标志是"救亡"能力。

从国家硬件力量的意义上说，六千年以来的世界上没有永恒的强国，任何国家都有过高峰与低谷，曲折与沉浮，屈辱与荣耀。但是，从以民族为主体的国家文明的意义上说，强弱之别却是很分明的。一个民族或一个民族群所创造的国家文明是否具有强大的生命力，最主要的分际，便是这一文明在陷入危难之后是否具有强大的"救亡"再生能力。一个民族能屡屡救亡而再生，从而继续自己所创建的国家文明的生命拓展历史，其民族文明之生命力，无疑就是非常强大的。

在六千余年的历史上，除了中国，"死而复生"的国家文明只有一例一次，这就是古波斯民族所创造的国家文明"复活"的历史奇迹。古波斯人在公元前558年创建了波斯国（大体相当于中国春秋中期），因其强盛一时而被历史称为"波斯帝国"。公元前330年，波斯帝国在抵抗亚历山大帝国的向东扩张战争中灭亡了，历时两百余年。可是，创建波斯国文明的波斯民族却顽强地生存了下来，在流亡中纷纷聚集到同一宗教的帕提亚帝国（中国史书称为"安息"）定居下来。500余年后，也就是公元226年，波斯人竟然再度崛起，乘帕提亚衰弱内乱之机再度建立了"新波斯帝国"，后又成功吞并帕提亚帝国；直到公元651年，新波斯帝国在与拜占庭帝国的长期战争中元气大伤，被阿拉伯帝国灭亡，历时四百余年。从此，作为国家文明形态的波斯帝国文明，永远地不复存在了；作为两度创建帝国的波斯民族群，也消散于西亚地区的阿拉伯国家群之中了，其曾经长期作为古波斯人"国教"的琐罗亚斯德教（拜火教），也大体消于无形了。

即或是这种一次"复活"，也是中国之外的世界唯一。

在整个古典国家文明历史上，所有文明大国的主体民族在自己的国家灭亡后，都曾有过以持续抵抗入侵势力为轴心标志的短暂的"救亡"运动，但却没有"救亡"成功而再生的奇迹。古巴比伦、古埃及、古希腊、古罗马帝国、西罗马帝国、东罗马帝国（拜占庭帝国）、阿拉伯帝国等等，都是如此。历经救亡而再生所以如此艰难，根本原因在于：救亡不仅仅是一种国家灭亡之后重新发动"复活"战争的实际能力，在本质上，它更是一种民族文明的生命状态，更是一种理性生存精神。这种生命状态，这种理性精神，又取决于特定民族所创建的文明形态是否为这个民族积累了足够强大的生命意识、足够丰厚的生存经验、足够深刻的理论总结、足够超越入侵势力的战争水准、足够周旋于危境的政治策略智慧。凡此等等，都不是在危亡来临或已经陷入危亡绝境时，仅凭一时仇恨，或仅凭个别人的出色组织能力所能突然全部具备的。文明救亡的真实基础，永远在于整个民族的精神成熟程度，以及特定文明赋予这个民族的无与伦比的文明自信心。

唯其如此，救亡成功而能再生，在世界历史上是极其罕见的。

但是，在中国历史上，"救亡图存"的历史壮举，却是屡屡发生的历史现象之一。在中国人的历史意识中，推翻外来统治而重建中国文明，已经不再具有"历史奇迹"的意义，而已经形成了一种无比坚实的必然性的认识。在中国当代社会中，流传着一种几乎类似于卖国主义的民间认识论——"当年日本要全部占领中国，日本早就是中国的了！""当年的帝国主义殖民地要延续到现在，中国早就发达了！"请注意，这种"历史认识论"的背后，其实潜藏着一种巨大的自信心——谁也灭亡不了中国人（中国文明）；谁占领了中国，谁就得将自己赔给中国。尽管，在实际发生的意义上，中国民族的绝大多数人绝然不是这样的想法。但是，人们却经常大笑着挥洒诸如此类的话题。假如不是几千年历史实践所奠定的强大自信心，孰能出现如此这般的社会"幽默"现象？

在中国历史上，多次挽救统一文明而消灭分裂碎片，是中国文明的内部救亡；挽救华夏文明而推翻入侵异族的统治，是中国文明的外部救亡；为进入现代国家文明而驱赶一切东西方列强的殖民势力与征服战争，更是中国近代史上最为脱胎换骨的整体救亡。总有人以"历史幸运"之说，来解释中国民族的救亡运动。对于这种理论，我们不能完全绝对化地排除。但是，多有救亡而皆能成功，若将其全部归结于"历史幸运"，显然也是浅薄的。若用荀子评价秦国六世大治的话说，倒是相对合适的——"非幸也，数也。"[1]

数者何？内在之合理性也，事物发展之必然结果也。

从历史实践说，强势生存之理性精神的终端体现，就是不畏生灭危难的强大的国家文明的综合自救能力。"沧海横流，方显英雄本色"，这句话用在中国文明五千余年的历史风浪上，大约是最为妥帖的了。

一个民族，拥有雄厚的战争能力，但也具有不以武力扩张为国家强大标尺的战争文明的核心价值观；一个民族，拥有广阔兼容的文明融合能力，但也具有以"天下大同"为最高目标的处理国家关

---

[1] 见《荀子·强国篇》（荀子答秦丞相范雎"入秦何见"之问）。

系的和平相处理念，不图谋渗透或输出自己的价值观于其他国家；一个民族，具有无比强烈的国家认同意识与文明认同意识，但也具有同样强烈的承认其他文明之合理存在的"四海之内皆兄弟"的"天下"意识……凡此等等，都是中国文明体系中"持正守恒"的深邃理念，都是具有内在均衡性的核心价值观体系。正是这些在历史实践中锤炼出来的生命意识与核心价值观体系，构成了中国文明强势生存之理性精神的最本质方面，也是我们这个民族最为饱满的生命状态的来源。这种强势生存之理性精神，其历史终端之体现，就是中国文明始终以本土为根基、以本民族为主体而巍巍然屹立于世界文明之林的现实。

中国民族始终与自己创造的文明同在。天不能死，地不能埋。

整体结构：多元化与均衡性并存

中国文明的另一历史特质，是多元化与均衡性并存的整体结构。

诸多民族所创造的的国家文明，普遍呈现出大起大落的历史现象——强则无限扩张，弱则一蹶不振；又普遍呈现出"一次性生命"的历史现象——国家政权灭亡之后主体民族与文明形态也随之消散，而无法在灭国危境中起死回生。所以如此，最根本之点，在于这些民族所创造的国家文明体系，普遍具有简单化与单一性的倾向。要么国家文明严重的文质化，如古巴比伦、古希腊等等；要么严重的刚性化，如古亚述帝国、古罗马帝国、古波斯帝国与新波斯帝国、拜占庭帝国等等；要么严重的宗教化，如古埃及、古印度、阿拉伯帝国、被天主教全面覆盖的中世纪欧洲国家群等等。

文明形态的简单化与单一性倾向，导致世界绝大多数古典文明大国的历史命运，也是简单化结局：要么在无限度的扩张战争中崩溃灭亡，如极其短命的亚历山大帝国等；要么在外敌大规模的入侵战争中，因无力反击而被一次性吞灭，如古埃及、古巴比伦等；要么在宗教冲突引起的战争中，或直接就是宗教战争中灭亡，如新波斯帝国、拜占庭帝国等。在世界古典国家的历史上，除了中国，很少有艰难浴血的长期抵抗，很少有反复曲折的长期救亡战争（如中国元末推翻蒙古人统治而恢复中国文明的长期战争），更少见救亡成功而"起死回生"的成例。普遍情况是，兴了就兴了，亡了就亡了，过程与结局都相对简单。

中国文明不同，它历经无数生死劫难，而一次又一次地死而复生。无论中国文明的历史平台——国家政权——曾经多少次被以"革命"形式内部更换，或在对外战争中被外敌摧毁，它都能够从内战废墟中再度站立起来，或能够再度战胜外敌而迅速重建。这一历史现象，在世界绝大多数民族的历史上都不可能发生。

中国文明生命力的根本点，在于中国文明的整体结构。

在世界古典国家文明之林中，中国文明堪称独一无二，其基础体系之庞大复杂，其形式结构之均衡严整，是所有国家文明都无法望其项背的。所谓基础体系的庞大复杂，是说构成中国国家文明的所有历史元素，都经历了坚实的锤炼与丰厚的积累，具有不可撼动的历史根基。

其一，中国的生存环境，具有多样性优势。

中国民族群从远古时期起，就生存在这片广袤而复杂的自然地理环境中，其辽阔性与全面性，是其他民族群居住区域很少具备的。我们民族群的早期生存环境，有包括了各种地形地貌的辽阔大陆——高山、平原、丘陵、草原、河谷、盆地、江河湖泊等等；又有包括了近海岛屿与远海岛屿在内的辽阔海域，以及漫长的海岸线与广阔的滨海地带。在如此广袤的大陆与海域之内，中国民族从事着无所不包的生产活动，农耕、狩猎、垦荒、放牧、河海捕鱼、出海探险、制造、陆路运输、水上运输、海洋运输、剩余产品交易等，难以尽数。中国民谚"靠山吃山，靠水吃水"，说的就是中国民族生存方式与经济活动方式的多样性。

客观地说，以当代社会的"宜居环境"标准衡量，世界范围内的美好区域很多，恶劣区域也很多。如果将这一评价体系具体化，比中国自然地理环境好的国家会有很多，但是，从国家文明生成的历史地理环境出发，从国家抵抗外部打击的地理条件出发，从庞大民族群的社会生存所需要的综合自然条件出发，也就是说，从历史与现实的综合性看，中国的国家地理环境是最具综合优势的。在人类几千年的自然经济时期，没有任何一个世界地区的任何一个国家，能够同时拥有辽阔海洋与辽阔大陆，而又没有难以逾越的交通障碍。美国，是近代历史诞生的欧洲移民大国；俄罗斯，也是很晚形成的具有综合地理优势的大国，但其普遍严寒的气候条件又不能与中国相比。可以说，在公元10世纪之前（中国北宋之前）的世界三大文明聚焦地区——西亚、欧洲、东北亚之中，中国是最具有自然地理环境综合性优势的国家，也是最具有自然经济综合优势的国家。

其二，中国民族群的基础构成，具有多样性优势。

正是在上述自然地理环境下，生发成型了我们的国家文明。

创建什么样的国家文明，取决于创建者是一个什么样的民族或民族群。以现代民族理念解析历史，在进入国家时代之前，生活在这片大陆海洋地域的众多氏族群与部族群，还没有形成一个稳定的民族共同体。可以确信的是，从传说中的神农氏时代起（大约公元前4000年），中国地域的人口群已经大体具有了民族群形成的基础——共同的社会生存形态与共同的族群认同意识。因为，司马迁的《史记·五帝本纪》中，已经明确出现了"神农氏之世"这样的政治范畴，已经认定"神农氏"是黄帝时代之前的"天下共主"了。客观地说，这样的传说时代比罗马帝国以"狼孩"作为早期国家历史的传说时代应该要靠谱得多。因此，我们有理由确信，在那个时期，我们的先祖们已经有了大体明确的族群形态。

历经黄帝、颛顼、尧、舜、禹五大时代（五帝时代），中国民族群的历史实践呈现出三大阶段的远古大发展。第一阶段的大发展，是黄帝时代经由普遍战争而消灭了普遍的无序争夺，建立了基本稳定的社会生存框架——中国族群第一个自觉的有序联盟政权，并实现了具有历史突破意义的一系列民生经济发明，奠定了国家文明的雄厚基石。第二阶段的大发展，是颛顼与尧帝时期，联盟政权的政治文明形态以"禅让制"的历史形式，实现了初步的稳定化传承，使远古时期的无序生存状态第一次进入了能够稳定一个历史时期的有序化社会生存；若没有这样一个稳定化的历史时期，之后的舜帝与大禹要发动长达将近百年的大规模治水工程，无论如何是不可能的。第三阶段的大发展，是一场巨大的洪水灾难激发的一次历史性飞跃。

洪水灾难是从尧帝中后期开始发生的，历经舜帝、禹帝两世，前后将近百年。尧帝时期，先选择了共工领袖治水，失败之后又选择了鲧领袖治水，又失败了。尧帝两次治水失败之后，退居"二线"，将领袖权力与治水重任一并禅让于舜帝。舜帝是一个明锐果敢的领袖，"摄政"之后立即整顿联盟权力秩序，惩罚了治水失败的共工与鲧，又将威胁社会生存秩序的"四凶族"流放到了边远地区；同时，舜帝又任用了一批具有真实才干的官员，使他们成为治水时期的骨干力量。在此基础上，舜帝打破偏见，亲自举荐鲧的儿子禹为治水领袖，同时以契族（商人祖先族群）、伯益族（秦赵人祖先族群）、后稷族（周人祖先族群）为共同治水的主力族群。如此，四大族群共同治水，历经十三年而战胜洪水劫难，中国由此而进入了国家时代。[1]

这里我们要说的是，在神农氏与五帝时代，无论我们的先祖多么地一步一步地逼近民族共同体，那时的中国民族仍然是一个生存形态各异的族群联盟体，而不是紧密的民族共同体。五帝时代那些众多的部族名称，实际上便是一个又一个各具生存形态的氏族或部

---

[1] 我在《中国原生文明启示录（上）——国家开端》中，已经较为详细地呈现了中国民族走出洪荒的历史过程。基于本书的综述概观性质，不再对治水历史备细呈现。有兴趣的读者，可参阅此书。

族。包括直到大禹治水时期的四大部族，也都是生存形态各异的人口相对多的大部族。所谓"生存形态各异"，实质上便是各族在共同性之外，还都有自己相对独立的"分支文明"。依据《史记》记载分析，禹族是居于今日河南嵩山地带的以工程为主而兼具农耕的大部族，伯益族是居于今日山东滨海地带的以驯兽为主而兼具农耕的大部族，契族是居于今日黄河流域下游地带的农牧部族，后稷族是居于今日山西、陕西地带的农耕部族。依据史料分析，所有这些大大小小的氏族部族，当时的整体状态大体是：都共同接受联盟权力与早期国家权力的生存规范，都有大体接近的相互认知，也有大体共同的生存基础与广泛的共同利益；但是，它们的谋生方式各自不同，风俗习惯更是各具特色，也没有共同的文字（很可能有一些共同认知的记事符号）。所谓"仓颉造字"的传说，应该就是对早期记事符号的统一，但很可能并没有成为有效的普遍认知的文字。

如果以文字作为民族共同体形成的文明标志，那么，中国基本形成民族共同体的时期，应该在夏代后期或者商代中后期，其定型时期，应该在西周中期。那么，从神农氏到夏商，再到西周，大体历经了两千年。也就是说，我们这个民族共同体，是在各具生存形态的许许多多氏族部族的历史磨合中形成的，并不是一蹴而就的。我们的历史根基，是民族多样性。春秋战国秦帝国之后，中国民族的多样性，更成为一个鲜明的历史特点。从这样的根基上去分析问题，我们就很容易理解为什么中国民族对外来族群具有如此强大的融合能力，因为，我们从来不是封闭的单一民族国家，我们没有历史赋予的天然排斥其他民族的偏执传统。

其三，文明基础的多样性，决定了中国思想体系的多元性。

多样性的生存环境，多样性的民族构成，决定了中国文明中思想文化形式的多元性，也决定了中国文明价值观体系的多元性。一种国家文明形态，囊括了如此广泛的复杂群体，其各个地域的各个群体所反映的对事物的认识法则与价值观，完全是色彩缤纷而各具特质的。作为国家文明，不综合这些色彩缤纷的思想、经验与价值观，它就会丧失自己的存在基础。因此，作为国家文明外在形式的中国意识形态，一开始就是多元性发展的。无论是政治思想，还是战争思想，还是民生经济思想，甚至实用学问领域与神秘文化领域，都是多元化发展，从来没有一家垄断的干涸现象。

以神秘文化体系与宗教现象说。古典国家文明时期的任何民族任何国家，都有自己的神秘文化，也都有自己的独特宗教。但是，绝大多数民族与国家，其神秘文化与宗教信仰都相对单一：就神秘文化说，或以天文星象之预测为主，或以巫师之占卜祛病为主；就宗教信仰说，古典大国更是单一化，一个民族一个宗教，一个国家也大体是一个宗教，即或未规定"国教"的国家，在实际上也基本如此。唯中国不同，神秘文化种类之多令人惊叹。天文预测领域有星象家；占卜领域有钻龟占卜、周易八卦占卜，还有占气、占云、占日、占风等占候家；直接针对人之形象的神秘预测，有相学家；直接针对马的预测术，有相马学；更有全世界独一无二的针对居住环境与丧葬之地的遴选预测术——堪舆之学（俗云"风水"）；医学领域的神秘治疗术，有方士丹药起死回生之学；至于巫师、天师之种种，更是寻常。两汉之后，道家兴起，神秘文化更是蔚为大观。

宗教信仰也一样。夏商周三代与春秋战国秦，除普遍信奉"上天"之外，多神崇拜、多动物崇拜遍及各个族群；两汉之后，除道教兴起，又有佛教、拜火教（波斯人之琐罗亚斯德教）、基督教传入；举凡这些宗教，在中国大体都能和平共处。在中国文明史上，镇压某一教派而确立某教为"国教"的事件极少，而在世界其他地区，宗教镇压则是极为常见的历史现象。

神秘文化与宗教之多元性尚且如此，各种社会价值观体系所表现的思想文化领域，更是如此了。西汉中期之后，中国走向思想"独尊"的单一化道路，既是对我们民族文明多元性根基的违背，也是中国文明走向衰落的历史起点，是我们的文明悲剧。

其四，多元性之上的均衡结构，是中国文明生命力的最坚实根基。

从元素分解的角度看，中国几乎在每个元素领域都具有高水平的历史积累。从民族构成的多样性与融合性，从民族生存方式的稳定性与丰富性，从经济形态的广阔博大与无所不包，从政治文明之核心价值观体系的多样性与深刻性，从战争文明的高度智慧与强大的战争能力等实践元素，从思想精神文化诸方面的汪洋博大，都赫赫然居于世界文明之林的高峰。这种庞大、复杂而又高水准的文明内涵，是世界文明之林中极其罕见的现象。

所谓结构均衡，是说中国民族的社会生存方式与核心价值观体系，没有单一倾向的弊端，而是一种能够达到自身综合平衡的严整的结构体系。从历史实践说，中国从远古时期开始，就是从多族群的冲突与融合中凝聚起来的一个民族群，既形成了强大的主导性民族，又从不排斥外来民族的流入，也能和平接受战败方的民族流入，从而形成民族矛盾冲突相对缓和的一种多民族共生共存的文明体。从价值观体系的历史特质上说，中国文明既不是那种严重倾向于"文质化"的国家文明（虽然也有过严重倾向文质化的历史时期），也不是那种严重"刚性化"的国家文明，更不是那种严重宗教化的国家文明。但是，文质化、刚性化、宗教化这三种成分，又同时包含在中国文明体系之中，而且各自还都很发达。

从中国原生文明时代形成的多元性思想体系说，既有强大的革新变法体系，也有强大的复古保守体系，两者相互制约，从而达到总体平衡，使社会既不可能冒进毁灭，也不可能停滞不前。有强大的法治传统，也有强大的王道人治传统，两者相互制约，达到总体平衡，使社会既不可能唯法是存，也不可能人治无度。有丰富深厚的实用学说体系，也有同样丰富深厚的哲学思辨体系，使整个社会既不可能实用主义泛滥而唯利是图，又不可能陷入无度清谈而不求实际。有强大的王权皇权理念，也有强大的民本理念，有雄厚的正统理念，也有雄厚的揭竿而起的反叛理念……林林总总，不一而足。

具体分析，所有这些价值观的任何一种，都成熟得足以形成一个体系；而所有价值观的任何一种，也都有自己的同样足以构成体系的强大对立面。从国家文明的层面说，它们各自独立发展，又互相成为"天敌"而制约，最终便在多样性的自由发展中形成了总体上的均衡结构。形象地说，中国思想文化体系多样性的自由竞争发展，如同商品经济的市场化发展。而整体均衡结构的形成，正是在多元思想自由竞争的"市场"中自然形成的。它基本上不需要国家干预,最终却能形成国家文明发展的强大精神资源。一旦这种多元竞争的自然均衡结构被打破,国家要依靠强力手段施加干预,将有利于统治集团利益的某种学说强行"独尊"起来,并强力遏制其余思想体系的合理竞争,"不使百家并进"(董仲舒语),国家文明的精神资源就会大大枯竭,国家文明的生命力也会迅速衰落。

历史实践的发展,已经以无数次的亡国危机证明了这一点。

一个多元均衡的文明体系,是一个民族,一个国家最强大的生命线。

中国原生文明与古希腊文明的比较

古希腊文明，是西方文明的两大基石之一。

将中国原生文明与古希腊文明进行比较，是发现并解析中国文明独立特质的必要路径，也是理解当代西方社会精神必要的历史钥匙。

古希腊城邦文明的历史脚步

古希腊进入国家文明的时间稍晚，大体与中国同步，或稍晚于中国。

早期的爱琴海地区，其基本状况与世界其余地区一样，都陷入了无序争夺的巨大混乱。这个大体有十三万余平方千米的不甚辽阔的海域，除了半岛山地，就是占百分之十五面积的众多相互隔离的岛屿。仅爱琴海海面，就有大小岛屿四百余个，其中的克里特岛为爱琴海最大岛屿。在这样的地理环境条件下，不可能具有大陆地区的大河流域和广阔平原，也很难有"可作为地区合并基础的天然的地理政治中心"[1]。当时的古希腊人，都居住在相互隔离的岛屿和相互隔离的村庄之中。这些村庄通常修建在易于防卫的高地上，有一座供奉诸神的庙宇，有一片修建了城墙的居住区。这就是后世被称为"城邦"的众多氏族安身的城邑村庄。

在"国家"这个事物出现以前，爱琴海区域这些一个个占据大小岛屿的氏族群落，除了在最基本的捕鱼、狩猎、农耕活动中相互混乱争夺外，大体还都有一个共同的谋生方式——相互劫掠对方岛屿，或劫掠海域渔民与海上交易船只。也就是说，在进入国家时代之前，这片海域和任何大陆地区一样，是一个完全无序争夺的"海盗"世界。与世界其余的大陆地区相比，这里相对特殊的岛屿生存环境，使任何一个岛屿的氏族都很难形成优势的人口力量，而在相互混战的同时，还能吞并一个或几个岛屿，从而形成居于绝对优势的主导力量。事实上，这一海域的氏族群落，因为早期岛屿的相互隔离、易于封闭、易于防守——人力登陆需要的大规模精壮人口在这里很难实现——从而大体保持着"小单元均衡"的生存态势。也就是说，都是强悍的小氏族，都有易守难攻的岛屿或半岛城邦，谁也无法征服谁。

总体上说，这样的地理环境与这样的生存方式，相互作用，遂长期形成了一种"爱琴海式"的特殊生存环境。在当时的世界上，这种"列岛相互争夺而混乱共存"的生存环境，爱琴海区域是最典型的历史范本了。

---

[1] 见[美]斯塔夫里阿诺斯《全球通史》上卷，北京大学出版社，2006年10月第2版，第102页。

在这样的"谁也无法征服谁"而又互为"海盗"的生存环境下，各个氏族群落为了消除无序争夺的大混乱危机，必然的历史路径只有一条：各氏族首领相互协商，订立共同规范；氏族首领再相互协商，成立共同认可的能够维护共同规范之效力的强制政权与强制力量，并维护日后制定新规范或修改旧规范时的协商规则。具体地说，这些规范，就是法律；这个具有强制性力量的强制政权，就是能够维护各个岛屿（城邦）共同利益的联盟体政权。这些创造物，都是基于为消除普遍的生存危机，而在"首领协商"的路径中形成的。

这一路径，就是古希腊所以能创建"贵族民主制"国家的起源。

作为国家的古希腊，是一个众多城邦的联盟体。其中，各个城邦是实体政权，具有接近于完全独立的自治权（除了遵守共同的生存竞争规范）。由众多城邦政权构成的联盟体政权，其实际作用并不是很大。这种国家，是非常典型的早期邦联国家。因之，希腊邦联的政权形式，在历史上的面目很不清楚；邦联政权的国家行为，也始终很模糊；邦联君主的传承与遴选，也几乎都没有清晰的记载。古希腊历史的具体性与清晰性，只有在古希腊四个主要的城邦中能够表现出来——克里特、迈锡尼、雅典、马其顿。

古希腊人强悍的"海盗"特质，决定其必然会军事勃发。但是，从历史实践看，古希腊的这种勃发是短暂的。作为国家战争，古希腊对爱琴海之外地区的大规模的扩张战争很少，只有后期的马其顿帝国（亚历山大帝国）时期有过一次；相反，各城邦之间的内部战争却很多，社会动荡也相对较多。

从历史根源上说，这显然与古希腊的国家性质有关。因为，要向外进行较大规模的扩张，必然的一个要求就是，需要一个强有力的邦联政权，能够将各个岛屿城邦的力量联结起来。否则，一个国家无法建立具有基本规模的军队，无法进行扩张。而古希腊这样的众多城邦自治国家，恰恰无法紧密聚合而形成巨大的国家力量。这里，最根本的原因在于，国家形成的根基——岛屿城邦自治的生存环境。爱琴海区域所以能产生共同联盟，各城邦岛屿最根本的需求在于，各城邦之间遵守那些消除无序争夺的共同规范，使每个城邦岛屿的利益能够更好实现，而不是各城邦之间进一步聚合，并去扩大利益源。正是这样的根本利益需求，构成了古希腊这样的特殊国家——漠视聚合扩张，重视城邦生存。

这是岛屿文明国家基于生存环境而生成的"先天缺陷"。

唯其具有强烈的个体性、强烈的小单元性，古希腊人才表现为乐于自我绽放，反感聚合奋争。是故，古希腊文明一度呈现出色彩纷呈的风华富庶，并极具城邦个性特质，极具城邦多元文明的历史特质。这个古老的"贵族民主国家"的各个城邦，在文化、艺术、思想、学术、科学等"软领域"，由于相互之间的开放竞争，达到了当时世界很高的发达程度。历史上著名的"雅典文化"，便是古希腊多元文明的历史典型。后来，尽管古希腊灭亡了，但她仍然成为欧洲文明无可争议的历史基础之一。但是，从总体上看，她却显然是一个"文胜于质"的国家文明，缺乏相应的国家文明意义上的整体硬度、整体强度。因此，她在进入第二时期后，很快就崩溃了，灭亡了。

我们再来看看东方的中国。

中国正式进入国家文明的时段稍见居后，大体是第十一位，与古希腊大体同步，或稍早。虽然中国正式进入国家文明的时期稍晚，但是中国在前国家时代的文明积累，却比所有的早期国家都要雄厚。这，是中国国家文明产生的第一个基本特点——基础的雄厚性。

如果将如同罗马那样的"狼孩"传说时期计入早期国家历史，那么从"神农氏之世"等传说时代开始，到大禹治水结束而建立国家，中国在前国家时代的早期历史，至少还应当有 2 000 年左右。

事实上，从黄帝大联盟政权出现开始，到夏王国的创建，具有明晰的世系传承的早期政权时期——"五帝"时期，已经有数百年乃至上千年的历史了。也就是说，中国进入国家时代的文明根基，是当时世界早期国家群中最丰厚、最坚实的。从历史实践说，从黄帝时期开始的族群大联盟权力开始，已经形成了相对稳定的社会秩序结构，也有了相应的官吏组织系统。虽然，这些历史记载被西方实证主义学派与中国近代"疑古主义"思潮及其残余一致认定是不存在的"传说时代"。但是，相对于许多国家那些更为模糊的诗性传说，中国记入史书的早期历史，无疑具有更为可靠的历史实践性。

这里，我们所以将中国进入国家文明的正式开端期，确定在大禹治水成功之后，绝非基于对"五帝"时期的历史真实性的怀疑。相反，我们承认中国早期历史的真实性，只是对早期历史的性质作了限定——不是我们的国家文明时代，而是我们创建国家文明的"根基时代"。与早期历史相比，大禹治水所创建的夏王朝，具有更为明确的国家文明特征。

基于雄厚的文明根基,这个东方的黄种人族群,一旦历经了以大禹为领袖的各大族群的联合治水,战胜了洪荒劫难,进入了严格的秩序社会,进而创建了国家,实现了国家文明的历史跨越,便立即表现出具有两大历史特征的强势发展。

其一,具有第一时期国家群罕见的基本稳定性。在夏王国创建后的一千三百余年中,中国早期国家的最高政权,只经过了三大王国时代的更迭。其中,夏王国四百七十余年,商王国近六百年,西周王国二百七十余年。与同时代其余十五个早期国家相比,中国的夏商周三代没有经常性的大规模动荡,没有戏剧性的大起大落乃至神秘黑洞。中国三大王国的有效时期都很长,也都相对稳定,其间混乱争夺的内部大战争很少发生,从而保持了文明积累与昌盛发展的最基本历史条件——相对长期的社会稳定性。

其二,中国早期国家文明,既保持了最清晰的阶段性发展,又保持了阶段性发展基础上的连续性发展。所谓阶段性发展,是说三大王国在各自的每一时代,都有国家文明的重大创造,从而构成了自己独有的历史特征。具体说,夏王国是邦联制形态的国家,诸侯分治的程度最高;商王国是接近于联邦制的紧密邦联制形态,"天子"直封的诸侯相对增多,王权对诸侯的控制权相对增大,诸侯分治的权力相对减小;西周王国,则创建了当时世界上最为精密成熟的联邦制国家,诸侯几乎全部由王室直封,联邦王室政权的有效管理已经细化到诸侯国的所有基本方面。

这种阶段性发展呈现出的总体历史趋势是:一个时代上升一个台阶,不断向成熟的统一国家文明迈进,没有停止发展,更没有长期的历史滞留。所谓连续性发展，是说三大王国历经千余年的发展，始终是一条立足于前代文明基础而正向递进的历史道路；后续新王国的建立，没有割断历史，没有改变根基，也没有下滑倒退，更没有突然中断。[1] 而这种突然地割断历史，突然地下滑倒退，突然地结构中断的历史现象，在第一时期的国家群中比比皆是。

总体上说，当时的中国在动荡生灭的世界里完全是另一番景象。

早期中国与古希腊文明的比较

对早期中国与古希腊进行比较，可以揭示一些基本的文明差异。

从生成国家的时间上说，中国的夏王国建立的时间，与古希腊城邦联盟形成的时间，大体接近。中国是公元前2100年左右，希腊是公元前2000年左右。从第一时期生成的国家实体形式上说，古希腊与同期中国也相对接近，大体都是当时世界的"邦联国家"。虽然，中国周代已经发展为成熟严密的联邦统一国家，但也与"邦联"具有接近性，并不是本质性差别。这些，都是相同之处。

但是，在进入国家文明之后的第一时期中，两国的历史脚步所表现出的国家文明特质，却有很大的不同。这种不同，主要表现为这两个早期的邦联国家文明，在客观基础、内在构成等诸多方面存

---

[1] 关于夏商周三代的国家性质及其历史特征，我在《中国原生文明启示录（上）——国家开端》中已经做出了详尽具体的分析。鉴于本书的总体审视性质，不再陷入具体问题。有兴趣的读者可以参阅此书。

在差异。搞清楚了这些具有历史基础意义的差异，对于我们更深刻地理解中国文明与西方文明，有着非常重要的意义。

第一，作为文明基础的地域生存环境，差别很大。

此前我们已经知道，古希腊所处的爱琴海区域，半岛不多，岛屿林立，多达四百多个。城堡相望，则难以计数。这种自成小单元的岛屿地理环境，决定了这一地域人群的基本生存状态——每个岛屿地域狭小相互隔离，每个岛内又多山地而使村庄（城邦）相互隔离，从而形成无数个"群星"式的生存小单元。在古代社会条件下，多水、多岛、多山、多城邦的星散居住，是非常险恶的一种生存环境。如此条件下，人非强悍不能生存，族非强悍必遭毁灭，不毁于人祸，亦毁于天灾。这样的地理环境，这样的人群特质，是古希腊文明的先天基础，对古希腊能够形成什么样的国家文明，具有决定性的影响。

事实上，古希腊邦联的"贵族民主制"，正是在这样的岛屿列布的地理环境下，在这样的氏族林立而相互难以征服的社会条件下，由氏族领袖"共同协商"而产生的一种保障最基本生存需求的"最大公约数"性质的国家文明。就国家文明发展的历史实践而言，古希腊邦联在实质上只是一个特定的文明区域圈，而不是明确的国家实体。在近现代以来的文明史著作中，只要涉及古希腊邦联国家如何如何，顿时便没有了"素材"；但若涉及具体的城邦国家，则顿时颇具丰富性。显然，克里特如何，迈锡尼如何，雅典如何，马其顿如何等等，是更具体、更具有历史内涵的。如同马其顿的"亚历山大帝国"之后，西方史学家将受到希腊文明影响的国家称为"希腊化国家"一样，都是一种后来的历史认定，而不是当时的历史实际。也就是说，在这样的地理环境下所产生的邦联国家文明，其具体的权力形式与国家机器等，是很模糊的——虽然，我们很难说它没有这些基本的国家元素，但是在更为根本的意义上，我们几乎可以将它视作一种"虚拟国家"。

早期中国，则有很大不同。

就生存地域说，早期中国地处大陆，边地临海，兼具某种程度的海洋环境。当然，海洋环境在早期中国人的生存活动中，尚不是基本方面。早期中国人的生存环境的基本面，主要还是大陆的大河流域。具体地说，早期中国族群所处的地域，多峻坂（丘陵高地）高山，多大河湖泊，多平原盆地，地理环境的复杂性与辽阔性，远远超过了古希腊的岛屿环境。

因为地处广阔的大陆，纵然是山川河流阻隔，也无法阻挡各族群因寻觅新的生存空间而引发的流动迁徙，无法阻挡他们对生存地域的大规模地无序争夺。在辽阔的生存地域中，中国族群在前国家时代（按照传说历史，主要是神农氏时期与黄帝时期），曾经经历了严酷而长期的无序争夺，对无序生存的危害性有着深切的体察。但是，这种大规模的流动迁徙，大规模的生存空间争夺，也带来了一种必然的历史结果，那就是各个族群间大规模的、全面深入的融合与交流。

一个典型的故事，治水领袖大禹族群当时的居住地域，是今日河南省的嵩山地区。可是，大禹却娶了今日江淮地区的"涂山氏"

女子——女娲为妻（不是远古神性女娲氏），相距千余里之遥。正是这个女娲，为大禹生下了一个成为强势后继者的儿子——启。可见，当时中国族群的通婚范围，已经非常广泛了。

另一则著名事例，商王国的创建者——商人族群，在一千余年的时间里有过十三次大规模的迁徙，范围遍及长江流域、淮河流域，以及黄河流域中下游地区，此所谓"殷人屡迁，前八后五"[1]。可见，当时中国大陆的族群流动规模何等之大。而如此大规模的频繁迁徙，如此大规模的相互战争，带来的各族群之间的普遍深入的交流与融合，是可以想见的。

在这样的地理环境中，这种具有大规模融合效用的生存竞争活动，是早期中国的历史特质。正是具有如此历史特质的生存竞争环境，产生了早期中国族群联合起来进行大规模治水的历史壮举。其后，历经治水时代的严酷整合，才锤炼出了具有深厚基础与严整体系的国家文明。[2]

基于如此的地域环境、如此历史特质的生存竞争，中国族群对无序争夺的灾难认知感、对文明共同性的认知感，都远远高于古希腊族群。应该说，在当时严酷的自然经济条件下，对经济活动方式与生存方式之共同准则的强烈认可，大大增强了早期中国族群紧密联合起来的可能性，也大大增强了早期中国族群的生存能力、聚合能力与竞争能力。为此，早期中国才能在广阔的地域内相对彻底地

---

[1] 见《史记·殷本纪》与汉代张衡之《西京赋》。
[2] 对治水时代的翔实过程有兴趣的读者，请参见我的《中国原生文明启示录》（中信出版社2020年版）。

摆脱无序争夺状态，形成了根基坚实、秩序井然的国家文明，有效地保持了社会生活的不断改变与提升。

第二，国家所属族群的文明差异程度有很大不同。

古中国与古希腊，都有众多的氏族、部族，都是族群国家。

历史地看，中国的夏商周三代王国，其地域内都有众多的黄种人族群。虽然，他们也有部族、氏族的不同，其居住环境与生存方式，及早期的图腾崇拜与诸神信仰等，差别也很大。但是，从国家文明的意义上看，所有这些部族群落，基本上都属于同质文明；他们对国家文明的认可，也都具有高度的同一性。从基本方面说，在重大的关乎生存根基的共同法则上，当时中国的诸多族群历经长期锤炼磨合，已经具有了自觉以"王畿"为文明尺度、以"王族"为聚结轴心，不断向共同的国家文明聚合的普遍精神。

具体地说，在历法纪年、农耕制度（井田制）、工商制度（工贾食官）、基本法律、文字形式、权力体系、诸侯对王权的承认与服从等等最主要的国家文明方面，中国的夏商周三代都是基本统一的；各区域族群（诸侯国）之间，对这些带有根本性的"社会制度"，是没有根本性争议的。这种第一时期的社会生存法则的基本统一，是中国国家文明一开始就具有的鲜明的历史特征，也是世界其余所有早期国家都缺乏的。

古希腊不同。以诸多氏族城邦为基础，所形成的古希腊城邦联盟的各族群，其间的文明差异性是很大的，其共同承认的社会生存准则的覆盖范围很小。具体地说，古希腊的几个主要城邦国家——

克里特、斯巴达、迈锡尼、雅典、马其顿，其在不同时期创造的国家文明，差异程度都很大，基本上不具有内在性质的继承性，因而很难形成连续发展的文明形态。

一个典型的事实是：古希腊在第一时期长达一千余年的历史上，各城邦国家之间始终没有共同认可的历法，也没有共同认可的纪年方式。在人类早期历史上，所有的氏族、部族、民族，尤其是早期国家，几乎都有过共同的历法与纪年。因为，居住在同一地域的各个族群，基于农耕、商事、军事等方面最基本的共同需求，在天文观测方面是最容易接近共同性的；其大体相同的观测结果，也很容易形成共同认可的历法或纪年方式。在国家文明的范围内，尤其是这样。

但是，古希腊城邦群却不是这样。它们各有历法，各有纪年，却就是没有诸多城邦共同承认的历法与纪年方式。在进入到"荷马时代"末期公元前 800 年之后，古希腊才共同承认了一种纪年方式：以"奥林匹亚赛会"开始年——公元前 776 年为希腊历史的开始年。但是，这是一个纪事年份，是一个社会性年份，而不是基于大自然天候法则基础的客观纪年，所以其影响力很小。

依据历史实践，这并不意味着古希腊从公元前 776 年才开始有了天文历法与自然纪年。而是说，从这一年——"奥林匹亚赛会"开始，古希腊城邦群的共同性与社会性，才开始活跃起来。也就是说，从文明基础的意义上看，古希腊城邦群之间"天然"地缺乏共同性，或者缺乏追求共同性和凝聚性的精神自觉。这一历史特质，决定了这个早期邦联国家缺乏最基本的向心力，决定了希腊国家文明的脆弱性。这一点，与早期中国的差别是很大的。

第三，国家文明开端期的发展连续性有很大不同。

古希腊文明的发展及其进入国家文明的历史脉络，大体是这样几个基本阶段：其一，公元前3000年—公元前2300年，爱琴海地域以西克拉底斯群岛为中心，形成了"原始社会"的西克拉底斯文化。这是爱琴海地域在国家文明之前的历史。请注意，西克拉底斯文化，并不是后来的克里特文化的直接源头——两者地域不同，创造主体也不同。

其二，公元前2300年—公元前1700年，以爱琴海地域的克里特岛为中心，原始氏族社会瓦解，由米诺斯人创建了以希腊语中的"海洋生存"为基本特质的初期国家文明。米诺斯人的造船业发达，海上交易繁荣，并且出现了青铜兵器与陶器制造，公元前1700年时，创造出了线形文字。这就是西方文明史上著名的米诺斯文化，是古希腊最初的国家文明，地域为克里特岛，主体轴心是米诺斯人。也就是说，克里特创建的初期国家文明，与此前爱琴海区域的西克拉底斯文化，并没有传承关系。

其三，公元前1700年—公元前1100年，以伯罗奔尼撒半岛为中心，由利利格人和皮拉斯基人，创建了包括数个城邦的"迈锡尼"城邦联盟。迈锡尼，是位于半岛中心的大型城堡，是联盟的中心地区。此后，这里的居民便被历史称为"迈锡尼人"。迈锡尼的海上力量强大，取代了此前克里特岛的地中海经济霸权。这次，古希腊国家文明的中心地域是伯罗奔尼撒半岛，主体轴心是迈锡尼人。同样，迈锡尼国家文明，也与此前的克里特国家文明并没有传承关系。

其后，因为强势的"多利安人"入侵，迈锡尼文明毁灭，古希腊的国家文明消亡，进入被历史称作"黑暗时代"的大混乱时期。

其四，公元前1100年—公元前800年，被历史称为"荷马时代"。这一时期的总体状况，是长期的混乱争夺，即所谓"黑暗时代"。在这一时期的末端，大约是公元前800年，爱琴海区域的某个岛屿或半岛，又重新创建了城邦国家文明，重新出现了一批新的城邦。据说这一时期的古希腊，已经开始了使用铁器的历史并进入了铁器时代。[1] 其时的社会生活，尤其是战争、冒险、英雄拯救等等生活，主要保留在诗人荷马的两部史诗——《伊利亚特》和《奥德赛》之中。我们所熟知的俄狄浦斯、赫拉克勒斯、阿喀琉斯、阿伽门农、奥德修斯等，都是这一时期的半神话英雄人物。但是，这一时期末端重新出现的国家文明发展的具体情形，却不甚了了。譬如，就基本方面说，"荷马时代"后期所重新创建的国家文明，究竟在爱琴海哪个地方（岛屿或半岛），主体轴心是哪个氏族或部族，都不清楚。是迈锡尼文明的直接延续吗？也不清楚。

其五，公元前776年，古希腊众多城邦公认的有明晰记忆或记载的国家文明历史开始。这一年，是开创"奥林匹亚赛会"的年份。在城邦林立、各有纪年的情况下，这一年是古希腊人共同认定的希腊历史的开始年。这个年份，大体与中国的春秋时代开端期接近。

---

[1] 这一欧洲说法，被翦伯赞先生的《中外历史年表》（修订版）引用，见该书第12页。对这一说法值得提出质询。杨宽先生的新版《战国史》（上海人民出版社2003年版，第45页），根据世界科学史界的基本看法，有论断云：中国古代在春秋晚期就发明了冶铁"铸铁"（生铁）技术，这个技术要比欧洲早一千九百年。据此，后世西方人将古希腊进入铁器时代的历史确定在公元前1100年—公元前800年，尚在中国之前，是缺乏历史实践依据的。有可能的情形是，这时的古希腊人出现了少量使用自然铁的现象，而不是进入了冶铁术意义上的铁器时代。

请注意,这一时期与"荷马时代"后期的再度创建国家文明,是同一时期。我们将它列为一个阶段,只是强调古希腊国家文明的明确纪年从此开始。这就说明,在"奥林匹亚赛会"举行之前的数百年"黑暗时代",古希腊的文明中心地域都是不清楚的。这里,一个重要的参照事实是:奥林匹亚赛会的举行地点在伯罗奔尼撒半岛西部的伊利斯小盆地。据此推断,"荷马时代"后期再度创建的城邦国家联盟,其中心区域在伯罗奔尼撒半岛西部,与该半岛早期的迈锡尼文明的历史影响力相关。但是,历经数百年中断的"黑暗时代",很难说新的城邦联盟就是迈锡尼文明的延续。

依据上述阶段的历史足迹,可以看出古希腊两个最基本的历史特征:

其一,国家文明的发展不具有连续性与继承性,时有突然中断;

其二,多中心替换性,不同岛屿的不同族群,在不同时期再度创建。

古希腊国家文明的突然中断性,与古印度文明的突然中断性极其相似。都是强势异族入侵,都是原生文明毁灭,都是陷入黑暗与混乱深渊。同时,对这一时代的社会生活,也都是只有诗性的模糊记忆,在古希腊是《荷马史诗》两部,在古印度是《梨俱吠陀》一千零二十八首。

多中心替换性,与古希腊的地理环境有绝大关系。数百成千个岛屿林立,各氏族相互处于隔离状态,保持文明的连续继承性所需要的基本的人口规模,及其内部变化的丰富多样性,都是单个岛屿或半岛所无法积累起来的。于是,一个岛屿的文明一旦毁灭,其残余的少量人口往往沦为战胜方的奴隶，在很长的历史时期里都不可能再度复兴。文明的中心，便必然转移到其他岛屿、其他族群去了。彼伏此起，就形成了西克拉底斯岛、克里特岛、伯罗奔尼撒半岛（迈锡尼、斯巴达）、阿提卡半岛（雅典）、希腊半岛北部（马其顿）等，不同时期、不同地点、不同部族所创建的古希腊国家文明。虽然，它们所创造的早期国家文明形态，都具有相同社会条件下的基本同一性。但是，从国家文明的意义上看，它们却没有内在的传承性与连续的发展性，而只是同一的国家文明在不同地区的先后复制。

中国不同。即或是"五帝"时代的早期历史，也具有明晰的国家文明基础的特征，其历史事实的丰厚坚实也远非那些"模糊诗性"可比。中国第一时期的夏商周三代王国，历时一千余年，其国家代次的更替，都是这个人口规模庞大的同一族群内部裂变所发生的"革命"所产生的结果[1]，而不是强大异族入侵而带来的毁灭原生文明的结果。因此，早期中国的政权更替，不是同一国家文明的突然中断毁灭，而是内部裂变所发生于自身的重大历史变化。因为这种变化发生于同一族群之内、同一国家之内，所以从本质上说，作为国家文明形态的夏商周三代，是一个没有中断、没有隔绝、没有毁灭的连续发展的历史过程。其间的三次政权更替，只是这一文明形态向更高级阶段发展的具有标志性的历史事件而已。

另则，早期中国的国家文明的发展，脉络清晰、轮次分明、记

---

[1] 革命，是中国夏商周三代时期的语汇，内涵意为"（以战争方式）更换生命"。所谓"汤武革命"，便是指这一时期的两次政权更替。

载翔实，国家行为非常有力而活跃，国家制度的体系化已经形成了坚实的独立文明根基。更为重要的是，中国国家文明的发展，表现出了鲜明的主体传承性与连续性递进的发展性：同一国家的同一族群，在每个王国时期都创造了较前具有进步意义的国家文明，在国家形态上表现出邦联制—紧密邦联制—联邦制的连续发展性。

第四，文明凝聚性及文明形态的整体强度，有很大不同。

由上述差别构成的两种文明的历史效应，也是大不相同的。

这种历史效应，我们主要指两个方面：一是文明的凝聚性；一是文明形态的整体强度，也就是国家文明的生命力。从文明凝聚性上看，古希腊文明的凝聚性显然很小，各城邦文明的离心力或独立性显然很大。在古希腊的全部历史上，只有后期的马其顿相对强大一时，组成了较大规模的军队，基本在形式上"统一"了希腊。这种"统一"，在实质上只是一种军事占领与实力控制，而不是内在的文明统一。后来，马其顿在亚历山大时期远征东方，短暂地建立了"希腊化"的亚历山大帝国，之后不久便轰然解体。这种"希腊化"，同样不是希腊文明统一了征服地区，而仅仅是基于军事战胜的威力而出现的一种一定程度的历史影响力，尚不能看作真正的文明凝聚力。虽然如此，这也是古希腊历史上唯一的一次文明生命力的扩张。从本质上说，这是一种紧紧依附于军事征服的文明"弥散效应"，而不是真正的文明形态的强大生命力的"爆发效应"。唯其如此，古希腊在进入国家文明第二时期不久，便几无声息地崩溃灭亡了。

早期中国不同。夏、商、周三代的中国，鲜明地呈现出一种越来越强烈地趋于走向文明同一性的历史过程。也就是说，文明的向心力与凝聚力，都呈现出不断增强的历史趋势。其外在的历史形式，就是"国体"的正向发展——从松散的邦联制，到紧密的邦联制，再到严格体系的联邦制国家。这一历史过程的实际内涵是，中国文明的"聚合效应"已经开始了自然的增速，五百余年之后终于爆发，形成了全世界独一无二的统一文明国家。这里，我们要强调的是，一种文明之所以具有向心力与凝聚力，是由它的基因——文明形态的内在构成——所决定的。这种基于文明形态的内部结构而产生的天然凝聚性，与那种以外在的军事征服为形式的"规模扩大"的"张力弥散"，是绝然不同的两种历史效应。

历史实践所揭示的秘密是：古希腊那样的始终建立在城邦分治基础上的国家文明，最终无法形成"聚合效应"；其所能达到的最大生命强度，就是以军事征服为手段，通过"规模扩大"的路径，形成一种"文明弥散效应"。但是，恰恰是这种强力的"文明弥散"，往往最终一举释放了这一文明稀薄的内在能量与仅有的外在能量，导致其全面崩溃或突然灭亡。无论是古希腊，还是西亚地区的早期帝国，都是这样的历史结局。

上述诸多差别，决定了东西方"种子"国家不同的历史命运。

那时的历史大图景是：当世界国家文明行进到公元前700余年的时候，十六个"参赛选手"中，大部分都被"淘汰出局"了。仅存的五个国家，已经成为世界国家文明的"种子选手"。在这五个

"种子选手"中，古埃及与古希腊，大体上依循着旧有形态发展，处于进退无定的动荡徘徊境地；古印度混乱模糊，身不由己地盲目打旋，行将跌倒；古亚述国则长期陷入军事扩张，狂热昏乱，屡屡发动战争，正处于自我爆炸的前夜。只有亚洲东部的中国，已经稳步进入了早期国家的高级阶段，创造出了非常成熟发达的国家文明——体系精密、运转有效的联邦制国家形态。

这就是历经四千余年的第一时期的世界文明与中国文明。

中国原生文明与古罗马文明的比较

在世界文明史的轴心时代——公元前 8 世纪至公元前 2 世纪的六百余年中，西方出现了一个新国家——罗马。这个国家在度过模糊不清的传说时代后，由贵族共和制发展为皇帝独裁的罗马帝国，在欧洲大地巍然崛起，吞并了已经衰落的希腊邦联文明，成为欧洲奴隶制时代最主要的国家。

这一时期的中国，正是春秋战国秦帝国三大时代，已经成为整个东方最主要的文明大国。对这两个国家的文明形态进行历史的比较，与比较早期中国文明和古希腊文明一样，可以清楚呈现东西方文明的历史基础差别。

社会结构基础的重大不同

在罗马共和制国家形成的时候——依据西方史学界认定，公元前 509 年以罗马贵族选举两名执政官管理军政事务为标志，罗马进入共和制国家。此时，世界东方的中国，进入了春秋改革时代的后期阶段，即将迎来更为深刻的社会大变革。

这种历史差异，只是国家文明生命形式的"年轮"不同，在文明比较的意义上可以忽略不计。因为，一种文明与另一种文明的差异，其根本点及重要方面，绝不是文明形成时期早晚的差异。历史上，多有后生国家的文明超越古老国家的事例。在第一时期晚生的中国文明，迅速超越了古巴比伦等这样的"先辈"国家。在近代世界最晚生成的美国文明，一举领先世界资本主义文明，更是"青出于蓝而胜于蓝"的历史典范。因此，我们的文明比较的立足点，在于那些涉及根本的历史差异面。

这里，最根本的一点，是两者的社会结构基础不同。

什么是社会结构基础？用我们曾经非常熟悉的话语来说，它非常接近于"社会形态"这个范畴，但又不直接是"社会形态"，而是"社会形态"的实际根基。而对于"社会形态"这个说法，当代中国人应该是非常熟悉的。从形式上说，它分为原始社会、奴隶社会、封建社会、资本主义社会和社会主义社会五大阶段。从本质上说，它是以一定时期的特定生产方式——特定生产力与特定生产关系的结合形成特定的生产方式——为决定性基础，而划分一定历史时期的社会性质的一种理论体系。在这个理论体系中，特定时期的生产力的人口构成，是决定性的历史元素，是评价社会形态的根本指标。

依据这一理论体系，早期中国与古罗马、古希腊有重大的不同。

无论是古希腊，还是古罗马，其国家文明的第一时期，都是奴隶制社会，这是基于历史事实而为世界公认的。也就是说，当时的希腊与罗马，其社会生产力的主要人口是奴隶；其社会结构的基础是"奴隶主—平民—奴隶"这样一个三级阶梯。在这个社会结构中，奴隶主与奴隶，既是社会的两大基本力量，其关系结构也是三大社会阶梯中最重要的一对结构关系。这一关系结构的历史形式是：奴隶是最主要的生产力人口——奴隶阶级，奴隶主则是对国家与社会实行统治的最主要人口——奴隶主阶级；在"法律"关系上，奴隶人口分别是各个奴隶主的牲畜性质的"财产"，是依附于奴隶主而完全没有人身自由权利的"生产工具"。具有这样的社会结构基础的国家，就是奴隶制社会。古希腊和古罗马，从创建国家文明到崩溃灭亡，都是这样的奴隶制社会。

早期中国社会，则有很大不同。

一个最基本的历史事实是：中国的夏商周三代，直到春秋战国时期，奴隶的数量都是极少的，根本不足以构成主要的生产力人口。这一事实，不但被历史资料所证实，也被当代一系列地下发掘所证实。王玉哲先生的《中华远古史》中，有关于"商代后期奴隶数"的一个专章，概括论述了中国学界关于商代奴隶问题的基本状况。我对这本书的资料进行了编辑整理，主要有如下基本点：

> **其一，奴隶数量是关键**。"商代已出现奴隶，这是人所共知的。不过，对当时奴隶的数量还存在着争论。因为，确定商代后期是奴隶社会的关键并不在于是否有奴隶，而在于奴隶的数量。要不然，从春秋战国一直到明清，任何一代都存在奴婢，能说都是奴隶社会吗？我们知道，社会性质定为奴隶制，必须是奴

隶生产在社会经济中占主要成分。于是,有的研究者为了证明商代后期是奴隶社会,有意无意地任意夸大奴隶数量。"

其二,中国近代以来地下发掘的奴隶数量。"地下考古发掘所见到的商代后期人殉和人祭是有确数的,根据胡厚宣的统计共有3 684人,若再加上几个复原和不能确定的数字,将近4 000人……根据商代甲骨文卜辞的统计,杀人祭祀总数当至少有14 197人。"

其三,商代后期奴隶存在的基本方面。"商代后期奴隶的存在,表现在以下几个方面:1.贵族祭祀所用的人牲不会全是战俘,可能有为数不多的奴隶;2.人殉中有一部分奴隶;3.各方国向商王贡纳的奴隶;4.存在仆、臣、妾、奚等奴隶;5.俘获的羌人大部分用于祭祀,少部分留用为生产奴隶。"

其四,商代奴隶不是劳动主力。"上述这些奴隶,在商代后期的农业生产中不是主力,在整个社会的生产劳动者中,他们也不是多数。当时的生产劳动者中,数量最大的是'众'或'众人',这部分人决定着商代后期的社会性质。"

其五,"众人"是商人宗族的成员。"众和众人,不仅是商代后期农业的主要担当者,他们还参与田猎……(依据大量卜辞),众和众人是商王同姓的族人。概括起来说,商代后期的族,是商族内一个个小共同体,既是军旅组织,又是血缘宗族组织。众和众人,是这个组织的成员。"[1]

---

[1] 参见王玉哲《中华远古史》,上海人民出版社2003年第1版,第250页—291页。

这是商代后期（殷）的情况。那么，周代如何呢？

西周王国已经是严密的联邦制统一国家了，其生产方式是井然有序的井田制。这时，随着社会文明的进步与战争的减少，商代后期的五种奴隶形式均有大大减少，尤其是战俘转为奴隶的数量大大减少。这时，井田制下的主要劳动力人口，是被泛称为"民"的社会人口群，其中，居住于城堡之内者，无论其拥有土田还是从事工匠商贾，都称为"国人"；依附于土田的劳动者或帮工者，被称为"庸人"；此外，还有"庶人""庶民"等等称谓。但无论其劳作方式与身份细节有如何区别，从总体上说，"民"（《吕氏春秋》中称为"人民"，也称为"群众"）是从事生产活动的主要人口群。需要注意的是，这时的中国之"民"，大多是在井田制中有自己固定土田的人，其社会身份更接近于近代之后的"国民"，而远远不是奴隶。

西周之后，自春秋时期开始，在第二时期的五百余年里，中国已经进入了以"农民"为最主要的农业生产人口，以铁器为主要生产工具的时代；同时，与土地私有制基础上的私营商品经济结合，形成了一种前所未有的综合生产方式。

这种新经济形态的历史形式是：以土地私有制为基础，农民与地主的私营农耕经济，与工匠及商人的私营工商经济并存，成为社会最主要的新生产方式。它有三个最重要的历史特征：其一，土地自由买卖权确立，此前不得买卖土地的王权国有制消亡；其二，土地所有者（农民或地主）自主耕种权确立，国家统一行使耕种权的国营方式消亡；其三，私人手工业与私人商业经营权确立，此前由国家统一经营工商业的"工贾食官"制度消亡。由此,中国进入了一个以新的私营经济为基础的更高阶段的农耕社会。在此基础上,中国创建了以私营经济为基础的统一文明大国——以中央集权与郡县制为两大根基的秦帝国。

上述历史实践表明,古希腊与古罗马从产生到灭亡,始终都是奴隶社会,始终都是奴隶制基础上的国家文明。中国则大大不同,不但夏商周三代不是奴隶社会,春秋战国秦帝国三大时代更不是奴隶社会。也就是说,中国古典社会从来没有过奴隶制时代,中国文明一开始就具有迥然不同于西方文明的创造性;中国文明从一开始就是一个领先于世界的独立系统。在古罗马进入奴隶制罗马帝国的时期,中国已经进入西汉时期了。

这时,中国的社会形态,已经高出罗马帝国一个历史阶位了。

政治文明体系的重大不同

政治文明体系,在任何文明形态中都居于轴心地位,是各个民族国家最核心的文明创造物。从历史评价体系看,无论哪一种评价体系,几乎都将政治文明的创造性、进步性、领先性作为评判一种文明的历史地位的核心指标。英国之所以成为近代国家文明的先驱,不是因为16世纪与17世纪出现了生产力(科学技术)的重大革新,而是因为英国早在1215年开始的"大宪章革命",创造了资本主义国家政治文明的最初形式。

在政治文明体系的创造上,中国与古希腊、古罗马走的是两条路。

我们已经知道,古希腊政治文明体系的核心,是"贵族民主制"的国家形态,是后世西方政治文明的历史基础之一。另一个"之一",就是更具有直接意义的古罗马。因此,对古罗马政治文明与中国政治文明进行比较,揭示差异,是非常重要的。

依据历史实践,古罗马政治文明经历了七个历史阶段:

第一阶段 公元前753年—公元前510年,是早期国家时代。依据西方史学界认定,这是"王政"时代,也就是早期君主制时代。这一时期古罗马的政治文明,与世界国家文明的早期道路没有差异。

第二阶段 公元前509年—公元前265年,是前期"共和制"阶段,正式名称为"元老院和罗马人民"。当时,这一"共和制"的历史形式是:推翻了君主制,由贵族元老院推举两名"执政官"执掌国家军政事务;国家权力、土地和经济资源,均由贵族(元老院和各高级官职)垄断;平民争取参政权的斗争,贯穿前期"共和"的历史。

第三阶段 公元前264年—公元前83年,为后期"共和制"阶段。这一时期的"共和制",非但没有趋于更为民主的方向发展,而且在后期走上了趋于"独裁制"的方向,平民的政治权利更见无望。所谓后期与前期,不是政治文明的差别,而是军事扩张的差别;主要是后期罗马共和国在战争中取得了一系列胜利，成为地中海区域的霸主势力。

第四阶段 公元前 82 年—公元前 27 年，罗马进入"执政官独裁制"阶段。产生这一变化的基础是：公元前 107 年执政官马略进行了军事变革，大大增强了军队的地位与作用；此后，执政官以统帅军队为后盾而增大权力，成为罗马政权的普遍趋势。自公元前 82 年，拥有远征军重兵的苏拉被元老院确认为"终身独裁官"开始，其后历经庞培、克拉苏、凯撒、屋大维几任"执政官独裁"，罗马共和制的政治文明已经在事实上崩溃了。

第五阶段 公元前 27 年—公元 14 年，为"元首独裁"的帝国时期，也就是"奥古斯都"独裁的帝国时期。公元前 27 年，在独裁制的末期，屋大维发动了一场以退为进的强化独裁的政治战——以"还政于元老院与罗马人民，恢复共和制"的退让形式，推动元老院承认自己的"元首"地位，并授予自己"奥古斯都"（神圣者）的称号；同时，将罗马所有行省划分为两大部分，一部分行省由元老院管辖，另一部分行省由"元首"管辖。自此，屋大维（后世西方称为"奥古斯都"）建立了元首制，罗马进入了帝国时代。之后，直到屋大维于公元 14 年死去的四十一年里，屋大维仍然在名义上是"终身保民官"，而不是皇帝。因此，这是一个滑向"皇帝制"的特殊时期。

第六阶段 公元 14 年—公元 395 年，是罗马的"皇帝制"帝国时代。自屋大维之后提比略建立克劳狄乌斯王朝开始，罗马政治文明倒退为君主制——元首称为"皇帝"。此后历经三百余年，直到东西罗马帝国分立，古罗马的政治文明体系始终是"帝国皇帝制"。

第七阶段 公元396年—公元476年，历经八十年，欧洲的西罗马帝国最终灭亡。在最后这八十年里，罗马"皇帝制"帝国堕入极为黑暗混乱的时期，阴谋丛生，政变迭起；仅仅在455年前后十年之内，就易位十一帝，其政治文明已经完全腐朽僵化。

上述历史阶段表明，古罗马政治文明的发展，是一个抛物线形式，经历了"低—高—低—衰"这样的一个曲线图。具体说，就是"君主制—共和制—独裁制—皇帝制"这样一个历史过程。

从性质上说，古罗马同古希腊一样，是贵族领主阶层占有绝大部分土地而以奴隶群为主要生产力人口的奴隶制社会。在这样的奴隶制社会基础上，罗马人创建的共和制国家，是奴隶制社会的贵族共和国，而不是现代国家意义上的共和国，这是不言自明的。但是，历史主义地看，当时的罗马共和制，显然是一种政治文明的创造，是一种新的国家政治文明。从具体内涵说，古罗马的贵族共和制与古希腊的贵族民主制，在性质上是接近的。其形式的不同在于，古希腊的贵族民主制更侧重于议事与决策，而在最高权力的设置上仍然是君主制——一个国王；而古罗马的贵族共和制，则不但在议事决策上保持了元老院的民主制，还在最高权力设置上实行了"双位制"——两个执政官。无疑，这是一个高于古希腊贵族民主制的关键点。

罗马共和制之所以是一种全新的具有伟大历史意义的政治文明，不但因为与古希腊相比是一种出新，而且与当时世界同处于奴隶社会的其余国家相比，也是一种创造出新。在当时世界上，除了中国原本便不是奴隶制，而且已经超越了这一时代之外，其余的东西方国家还都无一例外是奴隶制社会。而当时的奴隶制国家，在君主的产生方式上，都采取了血统世袭制度；在国家决策的意义上，则大体都是不同形式的君主独裁制。

而罗马人所创建的奴隶制贵族共和国，则以贵族精英组成的"元老院"议事决策机构，以"共决"的方式决定国家的重大政策；更重要的是，设置了"双位执政官体制"，以"元老院推举"的方式，决定两个"执政官"的产生。也就是说，在罗马共和制时期，这个奴隶制国家没有血统传承的世袭君主，只有贵族阶层共同推举的"任期执政官"。国家大事的决定，基本上是贵族阶层共商共决的，而不是"执政官"独裁的。

虽然，罗马"共和制"存在的时间并不长，将近两百年而已，很快便沦入了独裁制，又再度沦入了皇帝制，共和国不复见矣！但是，罗马共和国的出现与曾经的历史存在，却有着深远的历史意义。就当时的意义说，它对欧洲此前的古希腊国家文明，是一次明晰与提升，是当时的欧洲国家文明在古希腊政治文明的基础上，所实现的一次具有历史明确性的新发展。从历史意义说，罗马共和国的历史存在，为欧洲在千余年之后的启蒙运动中构建资本主义文明的"三权分立"制度，提供了基础性的政治文明资源。

中国政治文明的发展，是不同的历史道路，不同的历史形式。

中国政治文明的发展特点，是研究中国文明史最核心的问题之一。这里，我们只就中国这一时期政治文明的基本点，也就是与古罗马政治文明的最主要差异，先作出最简明的罗列，待后一体论述。

第一，这一时期的中国，已经创建了统一的国家文明。这种文明形态所拥有的高度统一的特质，在全世界的大国文明中，是独一无二的；较古罗马与古希腊的政治文明，有着重大的不同。

古罗马从"执政官独裁制"的初期帝国开始，就其开拓的疆土而言，事实上并不比当时的中国小；被其征服的不同文明国家的状况，也与当时中国在统一战争中的情况，有形式上的相似点。但是，罗马帝国每吞并一个国家，其施政的重心都在以下三个基本点上：其一，将被征服土地纳入罗马疆域，驻扎数量不等的军队，行使征服性统治权；其二，被征服国家的居民，除对少数人实行"特许公民权"，其余贵族与民众一律是罗马奴隶；其三，经济上推行奴隶制生产方式，重税盘剥，对被征服地区实行全面的奴役统治。

也就是说，在始终伴随着扩张战争的古罗马政治文明中，从来没有在被征服国家自觉实行文明整合，并创建"统一文明"的战略意识。被征服国家的民族文明的基本面——文字、货币、田制、交换规则、政治传统、军事传统、道路交通和重大民俗等，仍然在被征服状态下保留着原来的根基。因此，罗马帝国一朝解体，整个欧洲就迅速复原，成为众多文明形态的一堆"碎片"国家了。这是两种政治文明的历史形式的差异：一个注重对诸多被战胜国的文明整合，自觉推行统一文明；另一个注重连续不断的军事征服，实行"累积碎片"式的无限扩张国策。显然，这两者之间的差异是非常巨大的，完全可以说是两种对立行进的历史形态。

第二，中国政治文明，具有不同的历史实践基础与价值观基础。

中国文明的历史实践基础是：从前国家时代的"五帝"时期开始，到进入国家时代后的夏商周三代一千余年，国家文明的发展都表现出一个总体趋势——民族的凝聚力不断增强，国家文明一步步向统一方向发展。从本质上说，自黄帝时代历经长期战争而形成的族群大联盟开始，中国的国家文明就在不同形式的统一形态下向前发展着；五帝时代是原始形态的统一，夏王国是邦联形态的松散统一，商王国是紧密邦联形态的统一，西周王国是严密联邦形态的统一。也就是说，中国的国家文明不断走向更高阶段的统一文明，这是一个历史趋势；发展到春秋社会开始期，它已经有了长达两千余年的历史实践基础。在这种长期的不断走向更高阶段统一的历史实践中，中国民族群锤炼出了一种极其可贵的核心价值观，这就是"尚一"理念——崇尚凝聚与统一的伟大力量。这种历史实践基础，这种价值观基础，是当时的罗马帝国所无法拥有的一种历史根基。

第三，中国政治文明，与古罗马有完全不同的结构体系。

当时，中国所创建的政治文明，其核心的结构体系是"郡县制—中央集权制—统一国家文明"这样一个层级递进的历史模式；在权力体制上，由下而上则是五级制：里（行政村）—乡—县—郡—中央，这样一个严密的国家治理系统。在古罗马，则无论是罗马共和国还是罗马帝国，都是以军事与战争需求为基础的两级制：国家政权—行省；行省设总督，由"元首"或"皇帝"派出，主要完成军事统治与征缴重税两大事项；行省之下，没有县级权力机构，只有大量的自治小城邦；而且，每个行省的法律是不尽相同的；独裁者（执政官、元首或皇帝）对被征服后而设置的行省，其下达的处置法令差别更大，更不具有统一性。显然，两种政治文明的核心面——权力体制的差别是非常大的。某种意义上可以说，中国的政治文明根基是内在整合式，而罗马帝国的政治文明根基则是外在征服式。

第四，中国政治文明，具有完全不同于古罗马的历史效应。

中国创建的统一政治文明，在后续的历史实践中，表现出了强大而久远的文明生命力，一直不间断地有效延续到当今时代。古希腊与古罗马创建的国家政治文明——贵族民主制与贵族共和制，则都具有突变性、脆弱性与灾难性[1]。之所以如此，在于当时的"共和"与"民主"，都是奴隶制时代极少数贵族的"共和"与"民主"，其社会基础的广泛性很差，无法形成坚实的历史根基。就历史实践而言，仅仅局限于贵族阶层的"共和、民主"，实质上与独裁制差异不大；而一旦变异，则很容易形成无法逆转的专制独裁体制。

历史效应的重大不同

历史实践的脚步是：古希腊在第二时期后，便很快在城邦纷争与外部入侵中解体灭亡了，留下的只是一个又一个具有"希腊文明圈"意义的大小城邦。罗马的贵族共和国，则很快沦入了独裁制，

---

[1] 关于西方国家文明在古典时代的突变性、脆弱性，我们在后边将分别、具体地再现。

又很快沦入了皇帝制，又很快地解体灭亡了。罗马帝国在君主专制下所表现的残酷、暴虐与野蛮，远远超越了同时代世界范围内的所有国家。这一切都充分说明，两种政治文明的历史效应，是巨大的本质差别的。

需要注意的是，古希腊与古罗马在千余年之后的欧洲文艺复兴与启蒙运动时代，所起的历史资源效应，与我们这里讨论的国家文明本身的生命力，是两个不同层面的问题。也就是说，一种文明的历史价值的影响力，不等同于这一文明自身的连绵传承的有效生命力。前者，具有可供后世反思的历史价值；后者，具有使自身连续存在并持续发展的活性生命价值。

同期相比，中国所创建的以"中央集权制"为轴心的统一政治文明，与当时中国的社会生产方式、社会经济形态、社会生活方式以及人口结构等方面的社会基础完全符合，具有坚实的社会历史根基和强大的生存竞争力，同时也具有有效传承的活性生命力。

虽然，我们主张世界文明的多元化发展，认为不同质的国家文明之间，是不能直接比较高下的。但是，不同的国家文明在创建之后的生命力状况，却无疑是可以比较的，而且恰恰是应该比较的。我们可以不过问产品的制作过程与工艺水平，但是我们一定会比较同类产品的使用效果，也就是实践中的质量效应。从第二时期的世界国家文明生命力的比较，我们可以看出：中国族群在第二时期所创建的国家统一与文明统一，是人类在古典社会所创建的时代阶位最高、活性生命力最强大的国家文明。同时说明，中国族群的文明创造水准，也是人类古典社会的最高峰值。

确立中国文明的继承原则

我们的文明遗产沼泽地

为什么要提出文明遗产继承原则的问题？

因为，我们已经陷入了文明遗产沼泽地。

自1840年以来，我们跋涉了一百七十余年，还没有走出这片漫漫沼泽。中国文明的一系列基本问题，仍然云里雾里一片泥潭。沼泽地形成的根本原因，是西汉之后在儒家文化霸权之下长期形成的传统价值观体系，与"五四"时期新价值观体系的冲突，与近现代文明理念的冲突，与"文化大革命"理念的冲突，与马克思主义价值观的冲突，与当下社会新文明思潮的冲突。同时，对以儒家体系为轴心的传统价值观体系持批评立场的所有价值理念，相互之间又有着程度不同的冲突。种种冲突相互交织，相互重叠，相互渗透，就形成了关于中国文明遗产的巨大沼泽地。

这片沼泽地，使我们民族在面临新文明重建的历史关口，拔不出腿，直不起腰。

一个全世界人口最多的大国，就这样变成了理论枯涸、信仰丧失、道德沦落的国家。

中国文明遗产的灵魂何在

中国文明，是世界文明之林中极具特色的独特文明体系。

在漫长的发展历史中，中国文明发生了沉沦式的演变。演变的结局是：博大精深的多元文明体系，被保守主义的儒家体系所取代；以诸子百家为生命形式的多元文明，就此严重萎缩；以"变革图强"为根基理念的法家体系，就此沦落为君主专制的卑微工具；中国文明中的诸多创造性思想体系，就此遭遇严重遏制，从而导致了中国国民精神的深刻衰退。

在人类所有的文明形态中，政治文明都是灵魂所在。

中国古典文明中，最有价值的政治文明体系，是诞生于春秋战国并在秦帝国时代普遍实践于全社会，因而具有最强大生命力的法家体系。法家体系，不仅是法家学说，还是以战国法家学说为轴心，以兵家、墨家、纵横家，与农家、水家、工家、医家等诸多实用学派为思想同盟的中国强势文明系统的灵魂。这种法家体系，是中国古典文明中最成熟、最辉煌的价值观体系。其"求变图存"的改革理念，其求真务实的实践能力，其强健昂扬的生命状态，其强势生存的价值取向，其关注民生的治世主张，其代表人物以国家兴亡为己任的人格魅力，其力求领先时代潮流的创造精神，其震古烁今的历史业绩，等等，都远远超越了基于复辟根基而产生的儒家保守主义思想体系，是中国文明体系中最为灿烂的时期，也是最具继承性的历史遗产。

中国民族要实现新历史时期真正的文明跨越，必须以春秋战国秦帝国三大时代为文明遗产之根基，以继承这一时代政治文明体系的轴心——法家体系为历史条件，建立真正既符合中国历史传统，又符合今日国情的新文明体系。

我们的继承原则：百家共存，法儒共生，多元并进

我们的基本理念是全面理清中国古典文明的历史遗产，同时顾及西汉之后形成的儒家历史传统，确立能够真正反映中国古典文明基本面貌的继承原则，为我们民族在新时代的文明跨越奠定根基。

这一继承原则是：百家共存，法儒共生，多元并进。

什么是"百家共存，法儒共生"？

首先，以春秋战国秦帝国三大时代为基本历史平台，中国文明多元化的历史特质已经在历史进程中确立了坚实的根基。将诸子百家的多元体系，确立为我们的文明根基；将秦帝国时代，确立为我们的统一文明正源。这是符合历史实践的明智选择。

其次，法家体系是我们文明遗产的灵魂。同时，儒家体系又在西汉之后的两千余年形成了新的保守主义的传统价值体系。尽管儒家在本质上主张滞后于历史的保守主义学说，但是，儒家在西汉之

后的两千余年发展中,也作出了许多方面的自我修正,从一个纯正的复古复辟的政治学说派,演变为以伦理哲学为轴心的人文学说派,并就此形成了新的人文传统。我们批评儒家,实际上只是反对"独尊",我们不主张"铲除",更无所谓"打倒"。我们寻求的目标,只是接近于中国文明基本面貌的文明遗产继承道路。

再次,法家体系与儒家体系,是中国文明遗产中最为基本的两个价值体系。假如说,在西汉之前,一直是法家体系占据思想主流,在引导着我们历史前进的方向,那么在西汉之后,就一直是儒家居于思想文化的霸权地位,在规范着我们的历史方向。固然,我们应该正视儒家体系在中国文明沉沦中的历史责任,但是,我们也应该看到儒家既定的历史影响力,看到儒家剔除复古复辟学说后的不同历史风貌,看到儒家学说中有价值的一方面。

为此,中国文明大体系中的这两个基本体系应该共生。不需要刻意为它们作国家定位,也不需要顾忌它们学说内涵的冲突性。任何学说体系之间的冲突与差异,都应该以"百家争鸣"的方式去解决。我们需要做到的,就是不能以国家的权力,将某一家再次抬上"独尊"的地位。

"百家共存,法儒共生",是我们的文明遗产继承原则。

"多元并进",既是我们文明的历史原生形态,又是我们新时期的文明发展方向。

文明的生命力与国家的生命状态

人类文明史是渐进的历史过程，各个民族的文明史也是渐进的过程。

文明的发展与跨越，需要耐心，更需要一个民族以饱满昂扬的生命状态作持久的努力奋争。以国家形式为载体的文明发展，不可能抛弃本民族悠久的历史传统。任何民族在任何时代，都必须在自己的文明历史中发掘出最有价值的文明遗产，结合当代历史潮流，形成最具有推进力的社会价值体系。因为，特定形态的文明生命力，既取决于一个民族、一个国家的生命状态，又会对这个民族、这个国家的生命状态产生巨大的精神影响。

近代史以来的中国备受欺凌，其最深刻、最本质的原因，正是中国文明沼泽状态所导致的国民精神萎缩，而绝不仅仅是什么"生产力落后"的问题。

半个多世纪以来，中国发生巨变的最根本原因，在于中国共产党借助新的思想体系，激活了中国民族的强势生存精神，使中国民族真正挺起了脊梁，在血与火、贫困与灾难中接受了极其残酷的挑战，直至昂昂然自立于世界民族之林。

关于中国政治文明遗产的继承

政治文明在任何一种文明形态中都居于核心地位。

政治文明有三个最基本的层面：其一，该国的现实政治制度；其二，该国的政治文明传统；其三，被该国民众普遍认可的政治哲学价值观。从这三个基本方面来看我们的政治文明遗产继承，会相对清楚一些。

第一方面，不是遗产，不在我们的讨论范围。

第二方面，是文明遗产，是我们的讨论范围。可是，这方面的状况很糟，我们的政治文明传统中最主要的部分，是君主制，没有任何意义上的可继承性。

第三方面，是我们讨论的中心，它既存在于我们的政治文明传统，也存在于我们的现实政治意识。这就是我们形成于春秋战国时代并至今深深植根于中国社会意识中的政治哲学。

中国政治哲学的灵魂何在？在"尚一"理念。

我们民族具有悠久的"尚一"传统，具有悠久的反多头政治传统，具有极其强大的统一国家传统。《老子》概括得最典型："一生二，二生三，三生万物。"《吕氏春秋》则有"执一""不二"理念。民间则有谚语："龙多主旱。"这些都是历史给我们的政治哲学，每个中国人都了然于胸。中国有过分裂，有过多头分治的历史现实，但是从来没有过多头分治的政治哲学。这种强大的"尚一"传统，曾经长期牢固地凝聚了我们这个多民族国家，使中国统一文明在辽阔的国土上汪洋恣肆地发展壮大，使中国在最衰弱的时代，艰难维护了文明的生存延续。这种传统，曾经带给我们无尽的光荣与辉煌。

我们没有理由责备历史形成的政治哲学，也不可能一朝改变这种政治哲学。

唯其如此，我们主张：正视中国国情，以经济发展与文化发展为相应历史阶段的核心使命；政治文明的发展，则要渐进化；不追求在中国实现西方式的民主政治，允许我们的民族在历史进程中，逐渐探索符合中国国情的政治文明建设法则。

中国人要对世界保持清醒的认识，不能盲从，不能重蹈苏联被西方和平演变肢解的惨痛覆辙。当代的西方民主，既不适合中国现实，也不适合中国传统。中国政治文明体系的最终成熟，是一个艰难而长期的发展过程。我们既要吸取西方政治文明中有价值的东西，更要寻找那种能与中国传统和现实相结合的东西。这种兼容不同文明，进而作出最出色历史选择的本领，是中国文明的先天优势，也是中国文明的一个强大传统。我们要对中国文明的化解能力有最充分的自信，要有战国法家在历史实践中磨合创造出新制度的历史精神。

人本精神的最终体现，是人的自由平等。自由平等的实现途径，不是一条路。西方的道路，不是唯一正确的道路。只要一个国家一个民族，明确地提出了这样的历史目标，我们就要允许历史跨越所必须的时间来实现这个目标。

中国要建立法治社会，不能全盘照搬西方法治，而要在中国法治传统的基础上推陈出新，创造既具有时代进步性，又具有中国文明特色的法治体系。要实现这个伟大的目标，首先得承认战国法家体系的文明价值与历史作用，辛勤发掘，努力整理，翻新创造出新的中国法学理论体系。战国法家具有完整严密的理论体系，《法经》《商君书》《韩非子》《荀子》，以及发掘出土的秦法竹简等，都是最为宝贵的历史遗产。

一个伟大的民族,必然是一个清醒的民族。

一个伟大的国家,必然是一个清醒的国家。

清醒的声音,是一个民族最具勇气的声音。

对于一个民族,最大的勇气是什么?最大的清醒是什么?是抛弃曾经的腐朽价值体系,是发掘被历史烟雾湮没的优秀文明传统,是重塑必须重塑的新文明体系。

只要我们有认真的探索精神,道路就在我们脚下。

历史主义是理清
中国文明史的根基

我的《大秦帝国》问世以来，褒扬与批评俱在。

自 2001 年《大秦帝国》第一部问世，其间 2008 年 4 月全套十一卷出齐，至今已经十年。十年来，包括网络批评在内，许多媒体都曾经发表过批评文章，包括近来集中出现的一些激情批评文章。所有这些批评意见，都表明了一种趋势：当下社会对中国文明史基本问题的关注与审视，正在继续深化，这实在是一件好事。这种深化的可能性之一，是走向理性的思考与评判，并由此渐渐建立我们这个民族接近于真理性的文明价值评判体系。

对于这样一种趋势，我深感欣慰。

从基本面说，十年来的批评意见，集中于对作品历史观与作者创作理念的批评。这些批评意见，主要集中于五个方面：

其一，作者的历史观问题，核心是文明价值评判的尺度问题；

其二，《大秦帝国》颂扬专制主义，颂扬暴政；

其三，《大秦帝国》无限拔高秦始皇形象，歌颂暴君；

其四,《大秦帝国》反儒,贬儒,不尊圣贤;

其五,《大秦帝国》抬高商鞅变法的历史地位,无限拔高商鞅形象。

这些,都是创作理念问题,也都是中国文明史的基本问题。我曾经在多次的答记者问中,不同程度地作了回答。虽然基本观点都说到了,但却不是系统性的。这里,我愿意作一次相对系统的梳理,作一次完整的基础性回答。

理清中国文明史的根基在哪里

我的创作理念与批评群之间的岔道,是文明价值标尺的不同。

自 1840 年以来,理清中国文明史的艰苦努力已经历经了一百七十余年。可是,立足高端文明视野的我们,依然对中国文明史的根基所在莫衷一是。中国统一文明的正源在哪里,中国文明流变的关键转折在哪里,中国文明的基本优势在哪里,中国文明的内在缺失在哪里,凡此等等基本问题,我们面对世界民族之林,都呈现出文明话语权的缺失。所以如此,根本点就是我们没有社会共识性的文明价值评判标尺。我们对几乎每一个历史事件与历史人物,都有着种种截然不同的历史评价。我们没有共同认可的文明发展的历史坐标,我们没有共同认可的统一文明奠基时代,我们没有共同认可的文明发展历史阶段。我们只有无穷无尽的问题人物,我们只有无穷无尽的问题事件。在全世界创造了各自文明形态的所有民族中，只有我们这个东方族群，对自己的文明根基保持着如此混乱的争执状态。这种状态，不是健康的多元争鸣，而是文明价值观在基本方面的分裂失衡。

没有共同认可的文明价值标尺，任何民族都无法理清自己的文明历史。

理清中国文明史的根基所在，就是确立共同的文明价值评判体系。

我在创作中所坚持的，是历史主义的文明价值标尺。

什么是历史主义？就是以历史发展的阶段性为根基，以历史发展的实践性为尺度，去审视中国文明历史的遗产，去分辨其中的良莠，去确立值得我们继承发扬的东西。这一文明价值评判体系，其具体的展开方式是：依据特定时代的主流社会需求，依据当时的社会实践结果，依据历史元素在后续发展中所呈现的文明辐射力，去综合衡量该时代所有构成元素（事件、人物、思想等）的文明价值，并确立它们的历史地位。

据此，一宗历史事件，一个历史人物，一种历史思想，融入了当时的社会潮流，推动了当时的社会发展，给当时的国家与人民带来了利益，且在后世具有持续激发民族生命状态的历史辐射力。这样的历史元素，就具有正面的文明价值，就具有重大的历史意义。其融入当时社会的程度愈深，对当时社会的推动作用愈大，其历史辐射力愈强，其文明史的地位就愈高。

反之，一宗历史事件，一个历史人物，一种历史思想，隔膜或脱离于当时的社会潮流，没有推动当时社会的发展，甚或直接或间接地带来了社会破坏，造成了历史倒退，给当时的国家与人民带来了程度不同的利益流失，这样的历史元素，就不具有正面的文明价值，不具有正面的历史意义。它们所留下的，是我们称之为历史教训的那种东西。这一文明价值评判体系，是基于历史实践原则而确立的。

什么是历史实践原则？就是依据已经被历史发展证明了的社会实践结果，去检验任何一个历史事件与历史人物，去评判它们的文明价值，去确立它们的历史地位。这里，某种史书的既定评判，某种泛化古今的绝对道德理念，某种舶来的绝对目标理念，都不足以成为我们的文明价值标尺。对历史事件、历史人物、历史思想作出价值评判，我们的标尺只有一个——历史实践检验的结果。任何一个当代人，只要他对历史元素进行价值评判，无论他引用了多少名家的结论，都不足以抹去历史实践检验的结果。

实践是检验真理的唯一标准。关于这一命题，当代中国曾经进行过一场最为广泛的大讨论。这一讨论，曾经帮助我们廓清了许多莫名烟雾，帮助我们中止了许多无端争论，使我们能够心无旁骛地投身到变革与建设的新洪流中去。应当说，实践是检验真理的唯一标准，不独是适用于当下社会的价值标尺，同样也是适用于历史评判的文明价值标尺。以历史实践原则为根基，形成我们民族的文明价值评判体系，是妥当而坚实的。如果脱离了历史实践，或者忽视了历史实践，对历史元素的文明价值评判，必然陷进空泛的概念泥沼。

历史主义的价值评判体系，有它的认识论根基。

这一认识论是：承认人类文明的生命根基是社会实践；承认人类精神活动所产生的思想成果，并不具有绝对真理的意义；承认人类文明历史的发展是阶段性的，而不是囹圄化的，不存在具有永恒意义的文明价值标尺；承认国家活动的正义选择，在每个时代都是相对的，不存在永远具有正义性的绝对价值标准。其中，最为关键的是两个支柱：承认文明发展的阶段性；承认历史发展的实践性。承认文明发展的阶段性，我们才能接近历史的真实，才能发掘民族文明在不同时期的合理内涵，历史活动的创造性才会展现出复杂宏阔的总体前进性；承认历史发展的实践性，我们才能超越个体意识的评判，最大限度地接近特定历史活动的普遍本质，从最为广阔的视角去审视文明历史遗产的真实价值。

文明价值评判，是历史研究在历史哲学意义上的终端体现。这种研究与评判，如果不承认文明发展的阶段性，不承认历史发展的实践性，其研究成果，其评判结论，则必将对现实社会失去任何启迪意义，只能堕入一种空泛的绝对化的学术呓语。因为，面对绝对学术化的绝对精神标尺，任何时代的任何人群，包括我们自己，都将无所适从，都将无法选择自己的行动方式。

以绝对精神为标尺，历史发展将陷入不可知困境

历史主义标尺的对立面，是绝对精神的价值标尺。

这种绝对精神的价值标尺，就当下社会而论，通常的形式是两

种：一种是绝对人道理念；一种是绝对目标理念。前者，主要表现为以人道主义为永恒不变的绝对标准，去评判历史人物与历史事件。后者，主要表现为以民主制度为永恒至上的绝对目标，去评判中国历史上的政治文明。他们好像上帝的代言人，总是教导我们用超越历史阶段的天国标尺去评判历史，去对待当下。

历史上，曾经涌现过许多自以为永恒的绝对精神标尺。

譬如王道理念，譬如道德理念，譬如仁政理念，譬如人道主义，譬如人权主义，譬如民主至上等。就这些理念产生的根源而言，就这些理念的合理内涵而言，它们本身都具有相对的真理性。这是无疑的。如果将这些理念作为一种高远的目标，从而使人类在历史活动中能够自觉观照自己的缺失，这当然是有意义的。但是，当这些理念被绝对化，被当作超越时空的绝对精神，被当作超越历史阶段并脱离历史实践的绝对价值观念，并以其作为实际标准，作为唯一尺度，去衡量具有无比丰富性的人类社会实践的发展时，它们本身就显得非常苍白了。从本质上说，这是将某种绝对精神作为唯一标准，去检验历史的真理，去评判社会的实践。其结果，必然使社会发展的阶段性，使人类历史的实践性，使文明价值的相对性，使真理的相对性，皆荡然无存。

绝对精神的泡沫在恣意飞扬，泡沫下面却是一片废墟。

譬如，历史上的基本现象之一：某个时代某个国家的政府，为了抗击外敌侵略，领导人民奋起反击，民族为之付出了巨大的牺牲；一个国家要发展国防，要修建大型国防工程，国家耗费了很大的财力，工程也死伤了很多民众……对于此类基本的历史元素，作为对其文明价值的评判，绝对人道理念者们会作出严厉指斥：这是不人道的，是人民的累累白骨成就了元首与将军的勋章，是无数的生命牺牲撑起了这些宏大工程。这样的元首是残暴的，这样的统帅是屠杀者！如果这样的元首或统帅恰恰死于非常之祸，则绝对人道理念者一定会写下激情宣判——他们该死，他们的死没有价值！在如此指斥之下，绝对人道者们甚至会为历史凭空添彩——编一个故事，让一个服徭役丈夫的女人哭倒长城，以显示绝对人道者的指斥是有根据的。故事流传久了，似乎就变成了真正的历史。

可是，要放弃抵抗呢，要放弃战备呢，要灭亡了国家呢，要灭亡了民族呢？果真如此，这些绝对人道者会有更加强力的说辞，去斥责那些元首与统帅，去斥责当时的政府，去彰显自己的正义。至于人类在国家时代选择行动方式的价值评估的相对性，至于国家正义的阶段性，绝对人道者们是从来不予考虑的。填充他们头脑的，只有他们的绝对精神。为了证明这种绝对标尺的正确性，他们大可以施展春秋笔法删削史书，小可以玩弄几个民间故事作为培养基因，使这些故事成长为历史。至少，春秋战国秦帝国以来的近三千年，这种颇见滑稽的手法太多了。孟子为了证明"以至仁伐至不仁"的轻松性，为了掩盖历史革命的残酷性，大胆地怀疑武王伐纣中的"血流漂杵"的记载，昂昂然宣布："以至仁伐至不仁，而何其血之流杵也！"

这就是他们的大脑，只有鞋子的标尺，从来没有长在自己身上的脚。

曾经有一个时期，我们民族历史上许许多多的爱国主义者，许许多多的抗御外侮的英雄，都被这种空泛的绝对理念否定了。历史上的爱国主义者是褊狭的，历史上的反侵略战争是没有意义的。屈原不再是爱国主义者了，岳飞也不再是民族英雄了。凡此等等，皆见空泛理念的泡沫灾难。以如此绝对精神为标尺，当今国家的变革图强，会在转瞬之间变得毫无意义。包括我们这一代人在内的任何一代人的发奋努力，也都会在转瞬之间变得毫无意义。

这，不是一种灰色的、幻灭的价值标尺吗？

但是，它却以高扬的泡沫，肆意吹散度量着我们伟大的文明史。

在这种虚幻的泡沫价值观下，除了泡沫吹散者们所尊奉的绝对精神，除了历史上的泡沫吹散者同人，所有的人类文明成果，所有的人类历史实践，都是没有价值的。历史实践算什么，只要某一时代死过许多人，流过许多血，你这个时代就没有价值。泡沫吹散者们的绝对精神逻辑，实际上就是这样的。客观地说，没有任何人赞成无端流血，赞成无端牺牲。我们要强调的是：当民族存亡、国家危难之际，或社会发展的急难时刻，需要一个族群付出一定牺牲时，这种牺牲就是壮烈而有价值的，就是有延续文明生存的巨大历史意义的。无论是作为组织者的领袖，还是在战场上与工程中牺牲的人民，都是有价值的，有历史地位的。以同情人民牺牲为绝对标尺，指斥当时的领袖与当时的英雄，这是一种很荒诞的绝对精神标尺，也是一种玷污当时人民选择正义性的不正当评价。其对人民的同情，最终也只能陷于空泛的自我道德表白。

假如，美国社会因为人民流血而否定了独立战争，否定了华盛顿，那一定是一桩非常滑稽的世界文明丑闻。可是，此类现象发生在我们这个民族身上，我们竟丝毫不觉其丑。何谓"入鲍鱼之肆，久而不闻其臭"？宁非如此哉！

任何文明，都是历史在阶段发展中积累起来的文明。没有永恒的绝对价值，没有永恒的历史标尺。对于我们的文明历史遗产，要作出具有相对真理性的评判，就要以历史主义为坚实根基，以文明发展的阶段性为相对标尺，以历史实践的相对真理性为依据，去评判历史元素的历史价值。只有这样，我们这个民族的文明价值评判体系，才能在深重漫长的历史烟雾中真正地建立起来。也只有这样，我们对自己的文明历史，才能真正说得清楚。

一个国家，一个民族，长期淹没于某种绝对精神的烟雾里不能自拔，那是一种魔障，那是一种梦魇。这种绝对精神，为我们树立起了绝对价值的标尺，然后以消解历史实践真理性的方式，消解我们的实践探索勇气；以否定最伟大文明遗产的方式，否定任何时代的创造力；以漠视丰功伟绩而崇尚一切生命的方式，弱化我们民族为正义生存而敢于付出牺牲的强势生存精神。凡此等等弥漫开来，以至年深月久，最终，我们将在绝对精神的漫天泡沫中，浸渍出彬彬有礼而华彩四溢的软骨症。面对世界竞争，我们只有团团作揖了。

在这样的意义上，我反对文明价值评判中的绝对精神。

我们民族的实践精神犹存，我们必将破除这一梦魇魔障。

秦帝国的中央集权制是专制主义吗

秦帝国创建中央集权制，是发生在多元分治时代的革命性事变。

战国时代，多元分治已经发展到空前严重的程度。也就是在这样的时刻，历史开始出现了内在的转折——华夏世界在兼并融合中发展为七大板块结构，这就是七大战国的裂土分治。这一过程表现出鲜明的历史趋势——强力融合，多极简化，走向统一。所以如此，根本性的原因是：历经五百余年诸侯分治的震荡，多元裂土的种种致命弊端，都已经彻底无遗地充分暴露出来。对多元分治的危害，当时的华夏世界已经有了痛切透彻的感知，有了深刻理性的思考。

天下向一，因此而成为历史的大潮。

当此转折，秦帝国实现了历史大潮的指向目标，既统一了中国的疆域，又统一了中国的文明。关于秦帝国的统一，历来的提法只是笼统地说秦统一中国；对秦统一中国文明，则没有自觉的历史定位。我的文明价值理念，将秦的统一归整为两个基本方面：一是秦统一了中国的疆域，二是秦统一了中国文明。疆域统一，是硬件统一，同一时代的罗马帝国也做到了。文明统一，是软件统一，同时代的罗马帝国根本没有意识到。在这两个统一中，秦统一中国文明是根本。

关于秦统一中国文明的价值判断，轴心所在是秦帝国政权的性质。

激情批评者们认为：秦帝国政权是专制主义，是没有文明价值的，是必须否定的。《大秦帝国》非但肯定秦帝国的专制主义政权，且过度抬高，这是对专制主义的颂扬。网络批评的极端语言是：《大秦帝国》为法西斯主义唱赞歌。

明确地说，这种激情批评，我不能认同。

专制主义理论，是一种舶来理论。以此解释并评判中国的古典政治文明史，导致了中国文明价值评判的极大混乱。客观地说，自从西方政治理论体系传入中国，并构成中国近现代人文理论体系的基础框架之后，西方政治学说与中国历史现实之间，就一直存在着内在错位的巨大缺失。所谓内在错位，其实际表现是这样一种现象：运用西方理论解释中国的历史发展，或分析中国的社会现实，总是很难接近真相，更谈不上揭示实质。无论是西方理论家，还是中国的西方理念信奉者，他们对中国历史的评判，对中国现实的预测，基本上都是脱离实际的，都是不得要领的。西方人对中国问题的"测不准"现象，自近代以来，已经越来越成为普遍事实。其直接原因，就是这种内在的错位缺失。

这里的根本原因，则是更为深刻的文明整体评判的错位。

什么是文明整体评判的错位？就是西方学说对中国文明的整体评判，是西方文明本位，而仅仅将中国文明看作一种具有局部特殊性的文明现象。这就是最大的错位。因为，中国文明是一种独立的文明形态，其民族生存方式，其社会生活方式，其价值观念体系，其以文字为核心的所有文化呈现形式，等等基本方面，都与西方文明有着另一元的整体特质。中国文明，绝不是基本面同一于西方文明而只具有局部特殊性的东方文明。全面而客观的文明评判立场，应该是多元本位，将中国文明看作整体上的一种独立文明形态，以中国文明价值观分析中国，而不是以西方文明价值观分析中国，才能真实地理解中国。果真如此，诸多四不像式的研究结论，至少可以大大减少。

由于这种文明评判的整体错位，西方人针对中国历史作出的分析与评判，基本上牛头不对马嘴。西方政治学说被中国人硬生生搬来作为研究理念，则其成果绝大多数都远离真相，都似是而非。关于前者的典型例子是，对于中国古典社会的政权性质，西方理论家将大禹治水后开始的国家政权，一直到明清时代的国家政权，都一律笼统地定性为"东方专制主义"。如此囫囵化、简单化的论断，居然是西方理论家的东方学名著。关于后者的典型例子是，以"封建社会"这个翻译出来的范畴，去定性秦帝国之后的整个中国古典社会，其与历史真实的距离之大，令人哭笑莫名。

激情批评者们将秦帝国创建的中央集权制定性为专制主义，也是上述囫囵评判的例证之一。他们所依据的西方政治学说的简单逻辑是：民主制之外的一切政权形式，都是专制主义；中国自大禹治水建立夏政权，一直到明清政权，都是专制主义；秦帝国的中央集权制，自然是铁定的专制主义。

果真如此，人类国家时代的政治文明的发展，也太脸谱化了。

既然是依据西方政治学说，我们就先来看看西方人的权威说法。在《大不列颠百科全书》中，对专制主义的定义是："一种政治理论和实践，指不受限制的中央集权和专制统治，特别是君主政体。这种制度的本质是，统治权不受任何其他机构（无论是司法、立法、宗教、经济或选举机构）的监督或制约……法国的路易十四对专制主义作了最著名的断言，他说'朕即国家'。"之后，是对专制主义在近代欧洲表现形式的分析，通篇没有提到中国。依据这一定义，一个政权是否专制主义，其本质界限，不在于它是君主制还是共和制，也不在于它是中央集权制还是另外形式的专制统治，而在于这个政权是否"不受任何其他机构的监督或制约"。显然，这一定义非常清楚地揭示了专制主义的本质。

根据这一定义，秦帝国的中央集权制，距专制主义似乎还有很大距离。

其一，秦帝国创建的中央集权制，是一个有监督制约的权力体系。

权力监督之一，秦帝国有"凡事皆有法式"的体系化的秦法，举国上下有尊奉法制的传统，执法之严明历史罕见，始皇帝远远不能随心所欲地决定一切。依据上述定义，这是来自司法、立法两方面的监督。

权力监督之二，秦帝国中央权力系统中有专门的监察机构——御史大夫府。就地位说，它位列三公，几乎与丞相同爵；就权力说，它享有监督皇室、稽查大臣的实际政务监督权，并非虚设。依据上述定义，这似乎还是列举形式之外的一种国家权力监督。

权力监督之三，公议制度的监督。秦帝国时代，朝臣公议是一种议事制度。秦史大家马非百先生的《秦始皇帝传》中，专门有"取消议事制度"一节。也就是说，秦帝国创制的前期，若干重大创意的推行，秦始皇都下令群臣公议。创制后期，则因为议论"以古非今"而助长分封制复辟思潮，所以下令取消。以绝对精神的价值标尺说，无论以何种理由取消议事制度，都是专制主义的。但是，依据当时的历史实践，为了维护新的政治文明，取缔"以古非今"的制度根基，不能说没有任何合理性。更不能因为议事制度的取消，就判定中央权力失去了所有的监督。

其二，秦帝国所创建的中央集权制，具有最为深厚的时代根基。

任何制度的创立，其是否具有历史合理性，根基是其在多大程度上吸纳了当时社会的利益需求，在多大程度上体现了特定政治文明的内在需求。从社会利益的需求说，秦之中央集权制，是在五百余年裂土分治的历史背景下创建的。五百余年的历史实践已经充分证明：同一文明根基的华夏世界的裂土分治，只能带来深重的社会灾难。除了分治时代的既得利益集团，广大的社会意识对继续保持分治状态是深恶痛绝的，要求治权统一，是最为主流的社会利益需求。

从政治文明的内在需求说，华夏政治哲学具有深厚的"尚一"理念。"一生二，二生三，三生万物"，是尚一理念的最经典表述。也就是说，中国族群的社会实践价值观，从来都是崇尚"事权归一"的。民谚谓之"龙多主旱"。由于生存环境的险恶，华夏族群从远古时代起，就有诸多族群结成一体，在统一号令下协力生存的传统。可以说，从黄帝炎帝时代最初创立族群最高联盟政权开始，"尚一"理念就牢牢扎根于我们的文明基因了。及至春秋战国五百余年分治，中国实际上进入了创造新的"尚一"形式的历史道路。也就是说，从联邦诸侯制的旧的松散"尚一"形式，跨越到中央集权制的新的紧密化的"尚一"形式。这当然是政治文明的一次历史性跨越。从根本上说，秦帝国统一中国疆域，创建中央集权制，是完全符合华夏族群的政治文明价值观的，并不是凭空飞跃的。

历史的实践已经证明：秦帝国的中央集权制，有效地结束了华夏世界范围内的区域相互封锁，有效地结束了分治时代的连绵战争，使华夏世界获得了统一治权条件下的空前广阔的发展空间。这种基于强大历史需求而产生的政体，这种已经被历史实践证明其强大功效与伟大贡献的政权形式，不是简单地将其冠名为专制主义，便可以否定其文明史地位的。

其三，秦帝国的中央集权制，与后世的皇权制是两回事。

评判一个特定历史阶段的政治文明，不能以后世的流变为根基，不能囫囵化。秦帝国之后百余年，汉武帝抛弃了华夏世界的多元文化传统，建立了一元特质的意识形态，中央集权制由此埋下了蜕变的种子，渐渐走向了彻底板结。

这个板结过程是：皇权日益覆盖全部中央权力，并渐渐以皇权制取代了秦帝国开创的中央集权制。其具体表现是：以丞相府为首的中央政府系统的权力，日渐分解，日渐缩小，直至清代，丞相直接沦落为皇帝上书房的"行走"；监察系统与言官系统的权力，也迅速缩小，迅速虚化；皇帝直辖独断的权力，则日渐增大，唐宋之后，皇帝权力已经接近于基本没有限制，是为皇权制。这种不断沉沦的变化，是历史的事实。这里的要害是，皇权制与秦帝国时代的中央集权制，不是一回事，不能归结为一体作囫囵化评判。

从总体上说，秦帝国首创的中央集权制，是一种以皇帝为轴心的整个中央权力系统行使最高治权的集权政体。西汉之后渐渐流变成的皇权制，则是皇权系统几乎完全取代中央行政系统的决策权力，走向专制主义的趋势明显化。但是，我们不能因此判定，中央集权制在创造阶段就是专制主义。应当说，在遵奉法治的秦帝国时代，其中央集权制是具有巨大进步意义的政治文明创造。这是历史实践的展现过程，不是任何理论评判所能改变的。

秦帝国的中央集权制，不需要以西方学说定性。

中央集权制本身，就是一个定性秦帝国政权的最适当范畴。

历史的发展已经表明：古今中外的政权形式，不仅仅是专制与民主两种形式，还存在着许多形式的第三形态甚或第四形态的政权，它们既非民主制政权，也非专制主义政权，它们本身就是一种具有独立政治文明形态的政权形式。如果一定要用民主与专制这样的绝对标尺划分纷繁复杂的政治文明实践，我们必然失之于简单化囫囵化，无助于我们接近历史与现实世界的真实性。

真理跨越一步，就是谬误。虽然，中央集权制与君主制，是最可能产生专制主义的两种政权形式。但是，毕竟不能等同。否则，日本国有天皇制，英国有国王制，它们究竟是民主制政权，还是专制主义政权？从本质上说，秦帝国的中央集权制，在当时的历史条件下已经实现了相对的制约平衡，无论从哪个时代的标准说来，它与专制主义政权都不是一回事。

对秦政秦皇的咒语已被历史实践破解

秦帝国暴政，秦始皇暴君，这两句政治咒语，早已经失灵了。

失灵的根本原因，是历史实践的真相已经不断被发掘出来。

秦帝国之后，秦政秦皇备受攻讦两千余年。其中，也包括了对秦政奠基者商鞅与商鞅变法的攻讦。秦始皇是暴君，秦帝国是暴政，年深月久，终成咒语。鸟瞰两千余年对秦政秦皇的攻讦史，其基本状况是：攻讦言辞猛烈，事实举证薄弱。唐代之后，沦入基本不举证而只管念叨咒语的模式，咒语初步炼成；宋明清时代，秦皇与暴君等同，秦政与暴政等同，升级为可以无条件引用的历史定式，咒语终于大成。其间，偶有肯定秦政秦皇之异声，会立即被咒语浪潮窒息淹没。近代史以来救亡图存，风雷激荡，正面肯定秦政秦皇者不断发声，不断突破，咒语开始失灵，暴政暴君的定式开始流产。

及至当下，社会精神日趋多元，不再盲目追随知识分子阶层起舞。社会历史意识对秦政秦皇的评价，日渐趋于静默，开始进入了真正的思索状态。与此同时，对中国文明史已经开始了相对深入观察的世界目光，也在越来越多的各种形式的作品中，将秦始皇作为中国古典文明的真实核心了。那种仅仅以儒家为坐标评判中国文明史的外国人，已经越来越少了。虽然，古老的政治咒语还远远没有在中国遁迹。但是，咒语信奉者们的用语已经日渐枯竭，理论已经日见苍白，其攻讦水准已经远远落后于古代了。

两千多年来，对秦政秦皇的攻讦，以西汉时期为最高水准。

虽然西汉学者们列举的基本事实，大都经不起历史主义的分析，但是，他们毕竟还自觉注意到了批评者的举证责任。其后各个时期的攻讦，则因为不承担举证责任，不得不沦入咒语境地。颇有意思的是，两千余年来，除了秦末六国贵族的政治谎言，除了董仲舒等人臆断式的批秦之论，除了焚书坑儒等几则两千余年不断翻炒的案例，对秦政秦皇的攻讦，竟然一直未能出现系统展示历史事实的真正有力的论证篇章。客观地说，两千余年的批秦作文，绝大部分论断都是缺乏事实支持的。在他们的文章与言论中，既没有田野发掘重大事实的支持，也没有史书明载的基本事实的系统举证。

对于这个古老的问题，我愿提供一个论证方向，以资批评者考虑。

什么是暴政？当时的政治家们很清楚。商鞅的著名论断是：杀人不为暴，赏人不为仁者，国法明也。这就是说：依法处决罪犯，不是暴政；无视法律，滥杀无辜臣民，才是暴政。法律之外滥行赏赐，不是仁政；依法赏赐，才是仁政。这一论断，无论从历史实践看，还是从当代文明理念看，都是成立的，都是难以推翻的。但是，以某种当代法学理念，这一论断潜藏着一个隐隐的缝隙——法有恶法、良法之分。所谓恶法，就是将国家统治方式推向罪恶行为的法律，譬如希特勒的种族歧视法，导致了整个国家机器的种族灭绝罪行，就是恶法。如此理念之下，若能系统研究秦法，大量举证秦法的恶法律条，从基本方面证明秦法是恶法，将秦帝国的统治方式与秦始皇本人的政治行为推向了罪恶实践，出现了若干数量的大屠杀，导致了社会大倒退。倘能如此，无疑是暴政成立的最根本证据了。

在此条件下，再去搜寻秦始皇的暴行，也许会容易一些。

至少，这是治学的正当路径，其力量远远大于概念化批评。

没有绝对的神圣，儒家的历史缺陷是可以呈现的

儒家问题，是一个同样古老的问题。

任何涉及春秋战国秦帝国的任何形式的作品，都不能绕开儒家。在这个问题上，我的态度是严肃的、慎重的。除了《大秦帝国》中的形象叙述，我写过《遭遇儒家》《文化霸权和文明衰落》两篇专门谈儒家的文章，还在答媒体采访中多次谈及儒家问题。

我的基本理念是：儒家是先秦诸子百家中的一家，属于保守主义的学说体系。在春秋战国崇尚思想多元化的健康文明环境下，儒家在整个文明形态的制约平衡发展中，有过客观的历史作用。但是，儒家的最大缺陷，是反对变革与创造，主张中庸之道，所以它只能是中国古典思想的一个特定侧面，远非主流，更不是代表。因此，抛弃多元思想体系而独尊儒家，是中国文明的悲剧；从当代文明跨越的历史需求看，应该理清并重建先秦时代的多元思想体系，分析研究各家的优势与缺陷，将所有的优势思想综合起来，作为中国古典文明的优秀传统。其中的儒家，只是中国古典思想的构成部分之一。若将儒家作为中国古典思想体系的唯一代表，覆盖具有创造性的其他思想体系，甚或仍然主张独尊儒家，我们这个民族将再度陷入文明发展的悲剧。

在儒家问题上，我所以遭到激情批评，在于中国当代仍然存在这样一个虽然已经日渐稀薄的文化气场：儒家等于中国传统文明，儒家圣贤是完人，不能表现他们在生身时代的尴尬，更不能展现他们落后于时代的一面。否则，就是丑化儒家，就是反儒贬儒。

不知道从什么时候开始，儒家忽然重新变得不能触摸了。

我们应该深刻思考一个基本问题：自西方列强的炮舰政策轰开中国大门，中国文明陷入生灭存亡的巨大劫难开始，中国社会强烈地激荡起反思中国文明的思潮——是什么原因使我们这个民族停滞不前，日渐沦落为穷弱之邦？在那个曾经的痛苦反思时代，我们民族最强烈的检讨，第一个目标答案就是打倒孔家店。无论这一答案如何失之于激烈偏狭，它毕竟是我们民族第一次基于理论直觉的自诉。当时，所有的进步思想家几乎都是批儒批孔的。鲁迅的《狂人日记》对封建礼教的形象批判，更是曾经长期成为我们的思想经典。

这样一种失之偏狭的反思成果，一直延续了百余年，一直延续到"文化大革命"，始终都以某种形式的真理形态为社会主流所公认。可是，从改革开放的新时代开始，这一真理性的关于中国文明史最基本问题的主流评判，倏忽之间便失足坠入了万丈深渊。主宰中国两千余年的儒家理念，忽然之间又变身成为中国文明的代表，愈演愈烈，以至于孔子像已经站到天安门广场的边缘了，对外宣传中国文明的文化机构也叫作孔子学院了……

为什么会发生如此巨大的历史反复？

自"五四"以来关于中国文明史的基本评判，即或有其偏激的一面，难道全部都变成谬误了吗？客观地说，"文革"时期简单化政治化的历史评判确实是不可取的。但是，自"五四"以来绝大部分进步的思想家、历史家、学问家，他们曾经否定儒家的思想，都是完全错误的吗？

对于这一切，我们都保持着严重的失语状态。

我们捡拾起了曾经被当作"三座大山"之一的两千年旧说。我们抛弃了曾经以真理形态存在的"五四"新说。但是，我们却没有任何解释。面对自己的文明史，我们混乱，我们失语，我们装聋作哑。我们这个民族，何以沦落到如此状态？我们究竟怎么了？往前走，我们究竟要做什么？

历史的逻辑是：不对历史负责者，历史也不会对他负责。

战国儒家的代表人物，是孟子大师。这位夫子很雄辩，但论战作风却很差。他以很刻毒的语言，几乎骂遍了当时的主要学派。在春秋战国各个学派的所有大师中，没有一人如此失态。动辄诛心，攻人而不对事，也是儒家曾经的重大缺陷之一。孔子诛杀少正卯的判词，首句就是"心逆而险"，根本没有事实举证。论战之道，当时的"稷下之风"是优良传统。所谓百家争鸣，正是稷下学宫的历史盛况。

这些，都是历史的事实。《大秦帝国》展现了这一类场景，也让张仪"反骂"了孟子一场。但是，张仪驳斥孟子的言论中，没有一句类似于孟子骂纵横家那样的狠毒粗口。于是，《大秦帝国》就被戴上了丑化孟子、贬低儒家、反儒等的帽子。激情批评者们的基本理由是：孟子有浩然之气，如此一个大师，绝不会那样表现。没有一个批评者提到，孟子爱骂人是实，儒家要好好反思，认真改改这一风气。

历史地看，思想独尊，从来都是宗教世界才有的法则，其实质就是思想专制。一个国家，一个民族，奉行宗教式的思想独尊，无异于全面扼杀这个民族精神活动的创造力。反思这种作为历史遗产的思想独尊的危害，对于我们这个民族，具有深远的历史意义。更重要的是，我们指出儒家的历史缺陷，不是刻意贬低儒家，更不是主张从华夏古典思想体系中剔除儒家，而是要恢复儒家思想的保守主义本质，将它从绝对神圣、不能评点的高台上请下来，与所有健康的、积极的、光明的、向上的思想体系组合起来，共同构成我们民族的良性文明遗产。

我相信，儒家绝对神圣的时代，已经永远地过去了。

《大秦帝国》，是一部精神本位的作品。

对《大秦帝国》的创作理念，无论是褒扬，还是批评，其本身都必然会直接地深入到中国文明史的价值评判讨论之中。思想总是在相互碰撞中一步步接近真理性的。自1840年以来，对中国古典文明的新价值评判思潮，已经以种种形式弥漫了一百七十余年。这风雷激荡的一百七十余年，我们不知打破了多少藩篱，却仍然没有获得普遍性的文明价值共识。但是，只要我们努力，只要我们认真，我们必然会继续接近真理的境界。

历史的烟雾，不会永远地遮蔽一个智慧勇敢的民族。

文化霸权与文明衰落：儒家独尊的历史解析

凡是中国人，不能不关注儒家。

说它是宗教也好，说它是文化也好，说它是学派也好，说它是教育也好，一言以蔽之，在中国要说清任何事情，归根结底都绕不开儒家。在笔者写作《大秦帝国》的十多年中，几乎日日都随着战国人物与儒家做方方面面的精神纠缠，浸润既久，对儒家也就有了许多思考。诸多问题与现象之中，以对儒家文化霸权与中国文明衰落之间的关联想得最多。

儒家原生态一：完全彻底的复古学派

春秋战国秦帝国，是儒家获得文化霸权之前的原生态时期。

儒家的学派基因，正是在这极为特殊的三大时代形成的。不了解儒家在原生态时期的真实面目，就不可能理解儒家在获得文化霸权之后的种种作为，更不可能理解儒家文化霸权对中国文明产生的令人欲哭无泪的深远影响。

儒家诞生的春秋时代（公元前770年—前476年），是一个蓬勃生长的新文明浪潮对摇摇欲坠的旧文明根基不断冲击的时代。至孔子立学成派，华夏天下已经是士人大起、学派大兴、变革迭生的春秋中后期。其时也，对社会产生巨大影响力的各种学派，已经林林总总，比肩而立，竞相叱咤风云了。面对剧烈变化的时势，面对涉及每一个人的切身利益，谁也不能回避种种社会变革。那时，所有学派都不约而同地展现出一种使命意识：对社会变革的方向，提出自己的鲜明主张；对社会变革的实践，积极投身其中。彷徨骚动的社会，对清醒的理论有着紧迫的需求，对理念鲜明而躬行实践的名士大家，更是奉为上宾。

这就是那个时代浓烈的社会风尚——"贵士"。

当此大势，各家各派的士人们义无反顾，轻生死，谋天下，非但慷慨地承担起在理论上探索社会出路的重大责任，而且身体力行，积极入仕，力图实践本学派的政治主张。潮流相催，彼此竞争，一时蔚为时代大观。非但大学派（显学）如此，操持实务技术与玄妙思辨的学派，也不能不将本学派的实践与社会的变革联系起来。如工家之公输般，医家之扁鹊，水家之李冰、郑国，名家之惠施、公孙龙子，甚至最是消极的老子、庄子，也都一样曾经有过游说诸侯、预言邦国命运、阐发治世之道的经历。可以说，那个时代没有置国家兴亡于不顾、置天下变革于不顾的学派，也没有蝇营狗苟一味逃遁的名士。那是一个参与意识最为急切的时代，也是知识阶层入世精神最为浓烈的时代。

应当说，这是整个中国知识阶层在生成时代与生俱来的精神基因，也是世界文明生成时期绝无仅有的一种典型现象。春秋战国秦帝国时代，士人阶层的这种以天下为己任的使命意识，极大地鼓荡了那个时代的国民精神，也奠定了中国文明中的"天下"意识，形成了中国民族独有的精神大格局。

正是在那样的时代，孔子立学成派，提出了一整套有关社会未来走向的主张。

大要说来，孔子提出的一系列政治主张是：祖述尧舜，宪章文武，德治仁政，回归周礼，回归井田，兴灭国，继绝世等。总体上说，孔子的政治主张，就是完全回复到周代的礼治社会去。孔子对社会架构的主张是：君君、臣臣、父父、子子，孝悌仁本，也就是完全回归西周严格的礼治社会。孔子主张的处世理念是：忠恕中庸，文行忠信，完全回归到礼治社会温柔敦厚的人际关系。孔子对社会阶层分工的主张是：劳心者治人，劳力者治于人；民可使由之，不可使知之；唯上智与下愚不移等——完全地维护已经消逝了的礼治社会的构成基础。孔子的教育主张是：有教无类，六艺教人，始于诗书，终于礼乐，回归到以上古经典为归宿的王化教育。

在儒家获得文化霸权之后，孔子的种种理念被生发得庞大无比。孔子的任何一句话，都成了说不完的学问。当然，这是后话。就其本来面目而言，在那个风起云涌的时代，初始儒家的社会主张，大体就是上述五个方面。

在孔子提出的种种主张中，最为社会所关注的，是其政治主张。

孔子终其一生，带领弟子们全力效命的，也是实践其政治主张。

孔子以政治主张立学成派，儒家以政治主张不见容于天下。

政治主张，是孔子的本质所在，也是儒家的本质所在。政治实践是孔子的生命历程，也是儒家的生命历程。不从政治主张与政治实践入手，甚或有意识地忘记、淡化儒家在原生态时期的政治生涯，而只在抽象意义上"研究"孔子语录与儒家经典，一定无法触摸到儒家的社会本质。也永远不能了解，这个学派由"惶惶若丧家之犬"的狼狈，在后来却能霸权加身的历史奥秘。

与同时代的其他学派相比，原生态儒家政治主张的最突出特点是：公然尊奉一个已经消亡的时代，并将那个时代作为理想社会；强烈主张正在变革的动荡社会完全返回到礼制时代去，恢复纯正的田园诗一般的上古王道。

这是儒家复古主张的独一无二之处——完全复古，不是局部复古。

儒家对过去时代的全盘肯定，以及无以复加的赞颂，与同时代的其他学派形成了鲜明的区别。事实上，当时主张变革的大家中，不乏对上古社会一定程度的肯定者，譬如墨子，譬如商鞅，譬如荀子，譬如韩非子。可以这样说，主张变革的各个学派，没有一家，没有一人，对上古社会（尤其是上古圣贤）持完全否定的态度。他们强调的是："三王不同礼，五霸不同法，世事因时而变。"变革学派不否定任何一个时代的合理性，更立足生身时代的变革合理性。即或今日，这种观念仍然放射着炫目的光彩。

儒家却很特异，对自己的生身时代完全否定，对已经消亡的社会却完全肯定。而且，没有商量的余地，比苟延残喘的周天子还要坚定，还要鲜明。直到今日，我们仍然看不出孔子这种完全复古的合理性究竟在哪里。在整个人类文明史上，没有哪一个国家的哪一个学派，有如此完全彻底的不可思议的复古主张。

这个举世唯一的彻底复古学派，后来却不可思议地霸权加身，实在值得深加揣摩。

儒家原生态二：强硬的复辟实践　顽韧的履行精神

原生态时期的儒家，其生活轴心只有一个：全力实现自己的政治主张。

儒家兴起之初，社会新兴势力对其政治主张的力度，还是不甚了了的。至少，没有多高的警惕性。孔子的名声之所以很大，十有八九是探索时代的士人群体，以开阔胸襟捧场的结果。也就是说，无论各个变革学派如何不赞成孔子儒家的政治主张，但都还承认孔子学派的治学态度，承认孔子学派以天下唯一的彻底复古派的孤绝态势所形成的社会影响力。由此，士人世界承认孔子学派是"天下显学"之一。

但是，在鲁国真正任用孔子"摄相事"——不是丞相而行使丞相大权，大张旗鼓地重新整合鲁国社会之后，儒家的命运，却骤然发生了极大的转折。孔子雷厉风行的"堕三都"（摧毁三家新兴势力所建城堡），断然诛杀鼓荡变革的新派名士少正卯，使天下新兴势力与天下士人阶层骤然明白：这个以君子自居的大学问家，原来是个骇人听闻的正牌复辟人物！

当然，孔子"摄相权"期间，绝不是仅仅做了上述两件事。在齐国与鲁国的"夹谷会盟"中，孔子以齐国乐舞有夷狄乐舞之嫌疑，断然喝令中止。齐国再献歌舞，又以不合礼仪规范为由，喝令鲁国武士砍下了齐国乐舞师的手足。此事，使齐景公与名臣晏子大为震恐，但慑于鲁国有"武备"而来，只有作罢。

几件事之后，天下汹汹，合力攻讦。

鲁国旧贵胄恐惧于孔子可能激发民变，并开罪大邻邦，只有罢黜了孔子。

从此，孔子及其儒家，陷入了漫长的历史困境。

强硬的复辟实践，仅仅只有这一次，而且迅速地失败了。但是，这仅有的一次，却最充分地显示了孔子的强横政风——对政敌毫不手软，更不讲恕道，是决然的有形摧毁主义。孔子没有任何保留，也没有试图以迂回的方式复辟，提刀便上，迎头砍杀，所谓的"君子风度"在孔子的政治实践中荡然无存。如此政治作为，虽然只有几次，天下也足以看透了。从此，整个社会对孔子及其儒家，表现出一种奇特的状态——敬而远之，避之唯恐不及。

但是，孔子没有倒下，儒家没有倒下。

孔子履行政治理念的顽韧精神，就此开始充分展现出来。

孔子带着全套弟子，孜孜不倦地周游列国，向各诸侯国以不同的说辞，阐发着自己的政治理念；反反复复地诉说着自己的"仁政"方略，诉说着自己的反"苛政"主张。孔子在以反复的诉说，表示着某种失悔。孔子甚至公然表明："如有用我者，吾其为东周乎！"——如果哪国再用我，我就不一定要重建东周了！

可是，无论如何辩解表白，还是没有人敢用孔子。后来，甚至连吃喝也不好好招待了，以至于在陈蔡两国"绝粮"，孔子自嘲"惶惶若丧家之犬"。尽管如此，孔子还是没有气馁，没有屈服，依然顽韧地周游列国，顽韧地游说诸侯，做着寄希望于万一的努力。直到七十岁古稀之年，孔子才停止了绝望的奔波，才从复古情结中极不情愿地摆脱出来，开始了以治学方式传承政治理念的独特实践。以自己的复古史观（春秋笔法），整理文献，编辑史书，教育弟子。

我们无法知道，孔子是否在屡屡碰壁之后，真正地汲取了某些教训？

因为，基于种种原因，孔子的辩解表白，是极其模糊的，是可以做多种解释的。更重要的是，社会从此再也没有给孔子及其儒家弟子提供整合社会的任何机会。我们没有理由在缺乏实践证明的情况下，以揣测方式判定一个人的内心世界。

问题是，原因在哪里？是春秋时代再也没有了企图复古的当权势力吗？是周王室与所有诸侯国，都不赞同孔子的政治主张吗？显然不是。在任何一个大变革时代，基于传统根基的保守势力，都是极其强大的，他们不会放弃任何一个重新整合旧传统的机会。春秋、战国时代的变法派迭遭惨祸，可谓明证。

孔子及其儒家，此后始终不为天下复古势力所接纳，其间之根本原因在于：孔子与儒家学派，已经成了完全彻底复古的理论大旗；政治实践上，则被天下公认为最强硬、最彻底的复辟派。任何一国的复古势力，但用其人，该国完全可能立马成为招风大树，招致"天下共讨之"的危局，旧贵胄们连苟延残喘、以待最佳时机的可能也没有了。复古势力阵营政治家们的政治嗅觉，显然比孔子儒家灵敏得多，看得很清楚，只好忍着心疼，冷冰冰地一次又一次地拒绝了孔子。

后来的实践依然如故，孔子之后的儒家，依然是顽韧的。从孔子到孟子，儒家一以贯之地奔波了三百多年，最终还是处处碰壁。虽然如此，儒家依旧没有改变自己的基本主张。认真思索，似乎很难简单地说，这只是儒家的政治意识过于迟钝。

原生态时期的儒家悲剧，令人常有扼腕之叹。

那么，导致这种悲剧结局的深层原因，究竟在哪里？

这个悲剧根源，不在于儒家的复古主张。古今中外，政治上的复古派、复辟派、保守派多如牛毛，最终酿成悲剧者，却并不多见。也就是说，政治上的复古派、复辟派、保守派崛起，以至于大权在握者比比皆是。其首领与集团势力之善终者，也比比皆是。孔子、孟子及其儒家学派的悲剧根源在于：以哲人的智慧与洞察力，却提出了一种与社会变革及民生需求相去甚远，甚或背道而驰的完全复古理念，并以最强硬的手段实施于社会。失败之后，又坚韧不拔地为其奔波数百年。既未在实践碰壁之后作出应有的反思，也未在此后的实践中表现出应有的改变。

精神世界的封闭性与孤绝性，是孔子及其儒家悲剧的最深刻根源。

在整个人类文明史上，我们很难在社会实践生涯中，尤其很难在政治实践生涯中，找到这种完全以已经消逝的"过去"为信仰的学派团体、领袖人物。即或是同样具有殉道精神的宗教团体，也是以"来世"或者"天堂"为号召力的。以已经消逝的过去社会为自己的坚定信仰，并甘愿作出殉道式的努力，古今中外，唯有孔孟，唯有儒家。

认真回想起来，原生态时期的儒家，是一个极其矛盾的学派团体。

一方面，是鲜明得毫无掩饰的彻底复古理论，是强硬得毫无回旋余地的施政作风，因而知音难觅，终被整个社会遗弃；另一方面，是强毅顽韧的履行精神，是持之以恒的信仰原则。这种极其可贵的生命状态，感动着当时的社会，也感动着无尽的后人。两者合一，酿成了儒家在原生态时期的孤绝悲剧，也埋下了后来霸权加身而终为社会接受的种子。

变身之后　儒家讳莫如深

一个顽韧彻底的复古学派，何以被雄风尚在的西汉王朝骤然独尊？

这是一个巨大的历史谜团，其中奥秘，儒家从来都是讳莫如深。

谜团的核心在于：儒家被独尊之后，鲜明的政治立场，忽然变得极其模糊；彻底的复古主张，忽然变得极其空泛；顽韧的复辟情结，忽然消失得无影无踪；是古非今而攻讦现实的癖好，忽然变成了唯官府马首是瞻的忠顺。

一言以蔽之，自从成为唯一的官方学派，作为儒家立学成派之根基的政治复古特质，便迅速地淡化了，消失了。呈现在人们眼前的，再也不是原生态时期的儒家了。客观地说，任何一个学派，随着历史的发展而发展，都是正常的。即或是最具有惰性特质的宗教教义，随着时代发展而不断修正，也是极为普遍的。但是，任何学派与学说的发展，都有一个基本的共同点：后来的修正者，必然要竭尽全力向社会与信众昌明原教义的缺陷以及适时发展的必要，从而最大限度地争取社会与信众的理解，保证本学派不因学说的修正、发展而缩小影响。譬如西方之天主教，也曾有过不止一次的宗教改革。每次改革，倡导者都得千方百计地向信众说明改革的必要。甚或，今天的马克思主义要中国化，要改变某些结论，某些主张，同样要对中国社会作出最基本、最必要的说明。

唯其如此，我们质疑的不是儒家的变化与发展，而是儒家对待自身变化发展的一种极为反常的历史表现。这一历史表现的基本点是：对于淡化"原教旨"（政治立场与政治主张）的巨大变化，儒家从来不做任何正面解释，既不说明其变化原因，也不解释变身前后学说内容的显然失衡，似乎儒家的理念从来就是如此。

如此改变信仰体系者，古今中外唯此一例。

唯其如此，后来不得不修习儒家之学的知识阶层，在各种混乱中歧义百出。

为什么如此？

似乎没有人问过，似乎也没有人回答过。

着意品味，儒家被独尊之后的变化，是很微妙的，也是很尴尬的。

分明是显然的变化，却硬是掩耳盗铃，佯作无事。其基本的表现是：儒家再也不顽强地传播克己复礼、兴灭国、继绝世、举逸民、复井田之类的政治主张了，再也不游说天下做复辟努力了。那个以"祖述尧舜，宪章文武"为最鲜明立场的政治实践学派，忽然在一夜之间，变成了远离现实政治的纯粹治学派了。

涉及政治主张，儒家的复辟立场，已经演变为"王道仁政"之类的哲学式敷衍；涉及历史论述，儒家所有关于复古的强硬主张，都巧妙地演变为一种柔性的崇古颂词；涉及治道吏道，原本具有复古特质的仁政学说，已经演变为一种反对苛政的现实吏治主张；涉及孔子、孟子一班祖师圣人，构成其一生主旋律的孜孜复辟的政治实践，已经被大大淡化为抽象的颠沛流离的人格赞美。

在现实政治中，儒家原本有两大癖好：一是喜好是古非今；二是喜好攻讦法治。如今，也都在这种对远古社会的赞美性陈述中，变成了完全避开当年现实政治的学术评价。虽然掩耳盗铃，然而在官方的默许与保护之下，历经千百年反复渲染，也终于渐渐弄假成真了。魏晋南北朝之后，臣服于儒家的整个知识阶层，几乎已经完全忘记了儒家本来的政治复辟特质，完全变成了对现实政治有所裨益的人伦政治学说。儒家自己则"忘记"得更彻底，似乎儒家教义从来就是如此这般。在世界文明的大宗教中，几乎每个教派都有坚持原生信仰的原教旨主义派别。古老的儒家儒教，却从来没有类似于原教旨主义的派别。汉武帝之后两千余年，儒家从来没有出现过坚持弘扬孔孟复辟立场的儒家原教旨主义。

与此同时，一个显然荒诞的事实是：儒家的原始经典，仍旧是天下之"经",谁也没有着意删改;所有后世儒家,也都很在意地反复宣称:自己是孔孟的忠实信徒。谁也没有宣布过背叛孔孟,背叛儒家原生教义。儒家祖师圣贤,被供奉得越来越神圣崇高,儒家的原生经典,也越来越成为万世不移的真理;初始圣人与原生经典所赖以存在的政治根基与实践特质,却早已经荡然无存了。

骨头没有了,正肉没有了,留下的只有一锅似是而非的儒家肉汤。

儒家变了吗?变了。

儒家变了吗?没有。

要说清楚吗?难矣哉!

我们有理由问:儒家失语如此,知识阶层健忘如此,究竟发生了什么事情?

任何秘密都会被漫漫岁月洗去尘封,儒家的变身奥秘自然也不可能成为永远的玄机。

西汉政权:儒家变身的历史土壤

西汉是一个极其特殊的王朝。

西汉时代的特殊之处在于:它推翻了创建中国统一文明的秦帝国,处在中国统一文明开创之后的第一个十字路口,最具有发生种种变化的社会潜质,最具有重塑中国文明的种种可能。一言以蔽之,西汉王朝承担着"如何承前,如何启后"的最重大的历史课题。由于秦帝国过于短命，没有巩固统一新文明所必需的时间条件，使新创建的统一文明具有相对脆弱的历史缺陷。唯其如此，西汉王朝的历史抉择，便显得特别特别的重要。

就基本的历史事实说，推翻秦帝国的社会力量有三方：一是率先发难的陈胜、吴广的农民力量；一是以项羽集团为核心的六国旧贵族复辟力量；一是以刘邦集团为核心的布衣士人力量。三方力量的消长，最终取决于各自领袖阶层的政治视野及其所能代表的社会利益广度，而绝不是表面上轰轰烈烈又极富传奇色彩的秉性差别与权力阴谋。这种政治视野，这种社会利益广度，有一个具体核心：如何对待秦帝国所开创的统一文明框架？正是这个看似宏大宽泛，实际上却囊括了种种社会利益铺排的现实核心问题，最终决定了三方反秦力量不同的历史命运。

利益结构的合理性，决定着特定政治集团的历史命运。

从三方反秦力量的社会利益构成看，西汉的开国阶层，显然是由各种社会职业的布衣之士组成的。刘邦集团中，除了一个韩国旧贵族后裔的张良，其文臣武将大体是由下层吏员、小商贩、小工匠、小地主、游学布衣，以及各色苦役犯六种人构成。广义地说，这些文臣武将所出身的阶层，都是游离出"布衣之士"的社会土壤。这一社会土壤生长出的佼佼者，无不具有战国布衣之士的特质。

具体地说，刘邦阵营的灵魂与核心是两种人：下层吏员，布衣士人。刘邦、萧何、曹参、陈平等，是下层小吏；吕后、樊哙、韩信、周勃、灌婴等，是小地主与下层职业布衣。也就是说，西汉集团的核心层中，绝大多数都是社会中下层人士，鲜见六国贵族后裔。

一个不容忽视的背景是：春秋战国秦帝国三代，是士人阶层发生、成长、壮大的时代。在那个时代，士人阶层是鼓动社会风云并推动社会变革的直接力量。从社会阶层的意义上说，只有士人阶层对社会与时代有着相对全面、客观、清醒的认识。

正因为如此，刘邦阵营对待秦帝国统一文明的立场，与项羽旧贵族阵营有着巨大的反差。项羽阵营作为既得利益的丧失者，对帝国统一文明恨之入骨，彻底地有形消灭，无形摧毁；其所要建立的社会制度，则是完全的封建诸侯制——回到诸侯时代去！刘邦阵营则不然，虽然反秦，却对帝国统一文明及其煌煌功业，始终有着一种实实在在的景仰。对于帝国统一制度，至少不是简单的彻底否定，而是极其审慎地权衡取舍，抉择如何建立大动荡之后的国家体制。

从汉高祖刘邦，到汉武帝刘彻，历经百余年，西汉终于完成了历史的权衡抉择。

这种权衡抉择，并不全部都是难题。对于诸如中央集权、郡县制、统一文字、统一度量衡、统一生产交通之标准、移风易俗、社会基本法度等，西汉王朝都没有丝毫犹豫地全部继承了帝国体制。因为，这些实际制度既有利于国家，也有利于民众生计。事实上，秦帝国所创立的基本制度，被全社会迅速地接受了。

所谓权衡抉择，主要集中在两个核心领域：

一则，如何对待拥有强大传统与既得利益基础的诸侯分封制？

二则，如何对待同样拥有深厚根基的思想文化领域的自由竞争传统？

具体说，对待分封制的难点，是要不要仿效秦帝国废除实地分封制，实行虚封制？对待文化自由竞争传统的难点，是要不要仿效秦帝国的"以法为教，以吏为师"，遴选一种学说作为治国之道，作为官方意识形态？

这两个领域，一硬一软，都是直接影响整个社会核心结构的命脉所在。西汉王朝在这两个领域所做的试探摸索，可谓几经顿挫。对于分封制，西汉王朝几经诸侯之乱，到汉武帝时期，已经基本确立了"有限实地分封制"，显然比秦帝国有所倒退。这是中国历史的一个基本问题，容当另论。

对于具有深厚根基的思想文化领域的自由竞争传统，西汉王朝在初期采取了审慎的摸索态度。所谓初期的审慎摸索，其政策表现是：对经过反秦战争大动荡之后所存留下来的各有残缺的文化学派，不做官方评价，也不着意扶持任一学派，基本上是实用主义的一事一论。譬如，需要建立皇家礼仪，便起用了儒家；为论证与民休息之合理性，又一度尊奉了黄老无为之学；整肃吏治民治，则起用了一批法家之士；等等。

与其说西汉初期的这种实用主义是一种审慎自觉的政策方针，毋宁说它是一种摇摆不定的不自觉摸索。在西汉王朝的摸索过程中，大动荡之后几乎全都丧失了领袖大师的各个学派，也都在艰难地恢复元气，艰难地展开竞争。竞争的方式，与战国时代和秦帝国时代已经有了很大区别；最大的区别，是没有了百家争鸣的大论战形式，没有了庙堂讨论大政方针的大论战，没有了蓬蓬勃勃的官学私学并立从而相得益彰的社会舞台。

西汉初中期，各个学派所能进行的竞争，实际上只有两方面：一则，各自重新组合力量，对流散的典籍恢复整理，以为本学派之传承文本，借以获得立足生存之地，再图谋传播范围的扩大；二则，尽最大能力影响官方，看哪个学派能对现实政治发生影响，从而在国家支持下获得重大发展。在这样的竞争过程中，除了与现实格格不入的墨家销声匿迹，战国之"显学"，都曾经暂时性地先后或同时占据过主流：一个是大体可以划入道家的黄老之学；一个是法家之学；一个是儒家之学。

汉武帝拍板：儒家变身的历史玄机

汉武帝时期，西汉社会的思想土壤已经开始发生重大变化。

汉武帝前期，一时曾经奇峰突起的法家群体，随着贾谊、晁错等一批执"申、商、韩、苏、张"之言的法家能事之臣在政治斗争中落败，西汉法家的势头已经大为衰减。从学派态势上说，此后基本上是道家"黄老之学"占据主流；儒家则正在积蓄力量渗透上层。

当此之时，忽然发生了一个越往后越觉得重大的事件。

这件事，是汉武帝忽然以"诏举贤良方正、直言极谏之士"，以"对策"的方式，来讨论思想学派问题。为什么会有这件事？基于汉武帝此前此后的作为，我们可以大体推定：汉武帝对于西汉思想界的多元并进，并不认为是好事，而认定是一种混乱，需要整肃一番，从而达到"汉家自有汉家威仪"的自我存在。

这里要探讨的问题是：在这次对策中，汉武帝为什么最终接受了董仲舒的主张？

只要比较仔细地研读《汉书》中汉武帝与董仲舒的三次问对，就不难看出其中脉络。我的研究结论是：三次问对所表现的磨合轨迹，显示出这样一个两相交换的关系——儒家以放弃复辟上古社会之政治主张为条件，换取"绝百家之道"的独尊地位；汉武帝则以"天下洽和"为目标，将阉割了复辟根基的柔性儒家推上文化霸权地位，使之发挥"教化"社会之功能。

这三次问对的大体脉络是——

第一回合，相互试探。

汉武帝下诏，说明自己对三王之道的崇敬，"欲闻大道之要，至论之极"，请贤良们抒发高论，并且保证"朕将亲览"——我会亲自看。由此，董仲舒第一次上书对策，洋洋近两千言，主要陈述了三层意思：其一，上古王道的源流演变及其伟大崇高；其二，将天下沦丧之根源归结于法家，攻讦法家"任刑虐政"，"欲尽灭先王之道"，而导致天下沦丧；其三，着力分析"教化"社会的重要，一力褒扬孔子之学的"教化"功能。请注意，董仲舒虽然大肆赞美了上古王道，却只字未提原生态儒家坚持了几百年的复辟主张。也就是说，董仲舒实质上表达了这样一种意思：儒家是尊古的，但当下的儒家未必一定要坚持回到上古社会去；只要国家能像上古三代那样教化民众，社会就不会动乱；教化之能，莫如儒家。

第二回合，相互磨合。

汉武帝回答董仲舒的对策，提出了一个意味深长的问题：都说秦代"任刑"而导致天下倾覆,可是,如今我竭力按照王道行事,如何还是一片混乱?由此,董仲舒第二次上书对策。仍然是洋洋近两千言,意思却相对明确多了:其一,再次描述上古禅让制的美好,与社会习俗的敦厚安宁,指出其根本原因是"教化大行,天下和洽";其二,严厉指斥秦帝国"绝教化之道",任用法家,导致社会大乱,人心大坏;其三,建议"兴太学,置明师,以养天下之士",使其作为"教化之本源";其四,提出了任用官吏的两个标准,"量材而授官,录德而定位"。

这次,值得注意的是:董仲舒依然赞美上古,却还是只字未提原生态儒家的复辟主张。董仲舒着意强调的重点是,教化人心,极端重要。董仲舒提出了教化方略,但却不是孔子孟子的原生教义——以西周礼制教化民众,而是两个新主张:以"太学明师"为教化本源,以"才德官吏"为教化力量,可大行教化之道。请注意,董仲舒这次上书,没有提出儒家独尊之意,反而表示了在太学中与天下之士共存的意思,在任用官吏标准上,也将"才"摆在了"德"之前。显然,董仲舒还是在试探。

第三回合,终见真章。

汉武帝再答董仲舒对策,表示了"虚心以改"的求教诚意,同时明确表示:先生还是说得不甚明白,希望听到更具体、更明确的意见。由此,董仲舒第三次上书对策。这次,董仲舒洋洋洒洒近三千言,终于将最真实的主张和盘托出。

首先,董仲舒万分感慨地检讨了自己前两次上书没说清楚,"辞不别白,指不分明,此臣浅陋之罪也"。而后,董仲舒汹涌直下,一鼓作气将自己的对策层层说来：其一，以天道为轴心，详细剖析了三代教化的异同，指出了教化民心的根本，是"乐而不乱，复而不厌"的大道。生发出"道之大，原出于天。天不变，道亦不变"的教化永恒论。其二，再度攻讦法治社会，强调王道教化，提出了一条图谋极深的主张——天子纵然行法，亦当以王道教化驾驭之——"天子之所宜法以为制"。其三，最终提出儒家独尊主张，"今，师异道，人异论，百家殊方，指意不同……法制数变，下不知所守。臣愚以为：诸不在六艺之科，孔子之术者，皆绝其道，勿使并进！邪僻之说灭息，然后统纪可一而法度可明，民知所从矣！"

如何，董仲舒说清楚了吗？

很清楚。董仲舒提出的根本目标，是"绝百家之道"；当下策略，是"勿使并进"！

董仲舒的主张，演化为文化政策就是：官方不能接纳百家之学，社会也不能给其他学派留并进之路；在儒家保持文化霸权的条件下，法家与法制才是可以作为手段使用的。此所谓"统纪可一，法度可明"。用当代文明理念解析之，董仲舒以实现儒家文化霸权的形式，将法家及其相连的法治，置于了儒家统御之下，从而完成了国家统治方式的倒退——以儒家意志驾驭法制，从秦帝国的法治时代退回到人治时代。

同为政治学派，法家是儒家最大的天敌。儒家可以不顾忌别家，但是不能不顾忌法家。董仲舒的三次上书，每次都要大肆攻讦法家，将儒家压倒法家作为最实际的学派目标，充分说明了儒家对于法家的忌惮。更重要的是，秦帝国之后，儒家也已经看到了，法制不可能完全退出社会。三代王道礼制,也不可能无保留地复辟。

唯其如此,董仲舒对法家提出了这样的安置——我为统驭,你为工具。

汉武帝接受了董仲舒的主张,自此,儒家开始了长达两千余年的文化霸权。

儒家学派的性格缺失

儒家学派有若干一以贯之的精神,我称之为儒家的学派性格。

迂阔之气,大约是儒家性格中唯一有着些许可爱之处的缺失。

迂阔者,绕远而不切实际也。儒家蔑视任何民生技能,蔑视任何形式的劳动,在所有学派中,独获"四体不勤,五谷不分"之殊荣。见诸政治实践,入仕多居"清要"之职,对需要专业技能的领域涉足极少。譬如兵事,譬如工程,譬如经济,譬如行法等等,少见儒家身影。喜欢做官,却不喜欢做事,尤其不喜欢做那种既辛苦又专业的苦差事。美其名曰"君子论道不计功""君子喻于义,小人喻于利"。其执着之处,只在专一地扫天下而不扫庭院,只在专一地坐而论道,最热衷于担当道德评判角色。

此风流播后世,便有了一班"清流"儒家,以做官不做事为名士做派,终日玄谈,在职酗酒,观赏性事,竞赛颓废。其种种作为,直比当时腐败的社会更腐败,实在令人齿冷。儒家迂阔处,还在于议政议事之言论,多大而无当。此风在原生态时期,以孟子为甚,雄辩滔滔云山雾罩，似乎有着某种精神指向，却不知究竟要你做甚。"笔下空有千言，胸中实无一策"之评，可谓传神。凡此种种迂阔处，若仅仅是个人做派，自是无可无不可。然则，儒家却将这种迂阔之风，带进了庙堂官署，带进了学堂书房，不敬业，不成事，不务实学，不通民生，酿成官场流风，酿成治学恶习，沾沾自喜，不以为非，实在是中国文明变形之一大奇观，教人不敢恭维。

偏执习性，是儒家又一性格缺失。

儒家偏执，基本点在三：其一，咬定自家不放松，绝不相信世界上还有另外活法。其二，不容纳其他任何学派的任何主张，绝不相信自家经书之外还有真理。你说山外有山吗，人上有人吗？扯淡，儒家理论绝对天下第一。其三，对其他学派恶意攻评，人身伤害，其用语之刻毒天下仅见。

孔子骂人很少，稍好，大约生平只骂过一件事——"始作俑者，其无后乎！"直骂陶殉，实骂人殉。此等事该骂，不能算作孔子缺点。但是，孔子此骂，瞄准了"无后"，却定下了儒家骂人定式——人身攻击，直捣传宗接代。此种秉性，以孟子为最，骂论敌刻毒异常。骂墨子，是"兼爱无父，禽兽行"；骂杨朱学派，是"无君，禽兽行"；骂纵横家，是"妾妇之道"。近见网络文章，有人将孟子称为"战国职业骂客"，比较实在。自孟子开始，"衣冠禽兽"便成了儒家恒久的骂人经典语汇。儒家动辄口诛笔伐，毒骂入骨，实在是一种阴暗心理，恶劣秉性。用语武断的指斥性评判，孟子更是多见。一则典型例子是：古文献记载武王伐纣的战争很残酷，有"血流漂杵"四个字；孟子偏不信，昂昂然宣称："以至仁伐至不仁，而何其血流漂杵！"指示弟子当即删去了古文献的这一句。

如此武断偏执，千古之下，无出其右。

论事诛心，是儒家又一性格缺失。

儒家论人论事，有一个可怕的习惯——动辄诛心。

什么是诛心？不问行为言论之本身正确与否，只专一地纠缠行为动机，以求心罪。不是看你如何做事，而是看你如何想法，这就是论事诛心。此法成为一种杀人方略，有学者考证认为：出于战国时期的《公羊春秋》，成于董仲舒的种种论证。无论其演变如何，儒家在原生态时期，就已经开始了这种以"道"定罪的路子。所谓"孔子做《春秋》，乱臣贼子惧"，正是儒家"诛心"套路的自我表白。

儒家以《春秋》立起的政治标尺，不是行为法度，而是道义标尺，教义标尺，心理标尺。由诛心之法，衍生出儒家攻讦政敌、论敌的一个威力无穷的非常规武器——"名教罪人"。你可以没有犯法，但你完全可能因为某句话某件事，而被认定为"名教罪人"。原因无他，只是"其心有异"。

此风传承流播，儒家大得其手，非但将有形之敌统统打倒，更将无形之敌也置于死地。后世之宋明理学更甚，非但要"存天理，灭人欲"，还要破"山中贼"，更破"心中贼"。如此汹汹诛心，勘问灵魂，天下孰能不诚惶诚恐？孰能不臣服儒家？

记仇，是儒家的又一性格缺失。

在所有的先秦学派中，儒家是最记仇的一家。但有歧见，殷殷在心，一有机会，便新账老账一起算，绝不手软。这种性格，与儒家提倡的"恕道"很不相应,使人难以相信。但是,事情就是如此奇怪——一个孜孜提倡"恕道"的学派,事实上却是一个锱铢必较、睚眦必报的学派。在春秋战国时代,儒家与几乎所有的学派,都因主张不同而产生过龃龉。其间,除了论战中的观念批判,没有任何一个学派揪住儒家不放。儒家却是耿耿于怀,念兹在兹,一遇机会,便以"史家"禀性,将论敌种种时期的言辞作为清算一通,而后再做定性式的人身攻击。读儒家经书,每遇此等攻击之辞,不用说,便是儒家在发泄仇恨。

然,若仅仅如此,还不能说明儒家记仇。

儒家记仇,积成秉性,有基本事实为依据。

基本事实一,儒家在春秋战国时代被无情遗弃,所以,对生身时代仇恨极深。举凡儒家修史,"自周以降,风气大坏"之类的词句,比比皆是。司马迁的《史记》稍好,但也是否定春秋战国,以儒家观念做史家评判的。《汉书》最鲜明,大凡直接表现修史者观念的领域通论,诸如《刑法志》《食货志》《礼乐志》《律历志》《郊祀志》等,无不先狠狠赞颂一通上古三代,紧接着便是一句必然的转折定性——"周室既衰",春秋时代如何如何坏;"陵夷至于战国",更是如何如何坏;连番指斥两大时代,然后又一转折,说到"汉兴"之后如何好,再变为连篇累牍的颂词。如此三段论法,已经成为定式,实在是有趣得紧。显然,在儒家眼里,所有的时代中,唯春秋战国最不是东西!

基本事实二,儒家在秦帝国时期大遭"压制迫害",从此对秦帝国永远地咬牙切齿,不由分说一言以蔽之——暴政暴秦!两汉之后的儒家，干脆只管骂秦，连论证都懒得做了。说儒家患有"秦过敏症"，似乎不为过分。事实上，古今中外任何一个新政权，都必然要镇压复辟势力。事情起因，在于儒家自己不守秦法，伙同六国贵族大肆散布种种流言，从而获罪，被坑杀了寥寥几人（被坑杀者绝大多数是方士）。纵然冤枉，两千余年之后，竟仍然不能释怀，一概骂倒秦帝国，也是绝无仅有了。除了"记仇成癖"，不知道还能有何种解释。

基本事实三，儒家在原生态时期善为人敌，几乎被天下学派孤立。一旦得势，儒家立即以"独尊"平台为条件，全力排斥百家经典的流传。至近代梁启超时期，《墨子》文本已经难以寻觅，隐藏到道家炼丹术之类的书里去了。一个学派"独尊"，在春秋战国时代，无异于痴人说梦，任何学派都不可能有如此狼子野心。所以，西汉时期的其他任何学派，都没有提出如此狂妄、如此荒谬的主张。唯独儒家，不但要说，还要做。这便是儒家，为图复仇，敢与天下作对，敢与春秋战国秦帝国三大时代的文明成就作对，破罐子猛摔，以求出人头地，唯求复仇为快。

其心之野，其图之大，两千年之后，尤令人咋舌。

君子报仇，三百年不晚。世界文明史之一大奇观也。

身为学问家，身为史家，身为显学大派，百年千年之后，尚不能摆脱一己一家一团体之恩怨，而相对客观地看待历史，将中国文明史上最辉煌的时期肆意涂抹，将好赖有些贡献的秦帝国一言毙杀，我们该如何评价这个学派的道德水准？该如何评价这个学派的心理特质与秉性特点？

执青史之笔，泄一家之怨，将三大时代无数的志士英烈，钉上了历史的耻辱柱，唯将自己粉饰得光彩辉煌。如此学派，说它是中国文明的精华，说它是中国文明的根基，说它是万世师表，说它是中国文明的良知道义，不滑稽吗？

人云，"谎言重复一千遍便是真理"。

儒家将谎言重复了两千年，自然成了圣人。

谁要再说它是谎言，只怕连自己也要心虚了。

历史往往在荒诞中前行。诚哉斯言！

儒家文化霸权之下　中国文明迷失本色

终于，儒家黄袍加身，获得了文化霸权，走上了"文化寡人"的道路。

一个曾经有过些许健康心理的学派，在三百多年压抑之后，竟获得了文化霸权。这当真是一个奇迹，一个不可思议的奇迹，一次惊人的死灰复燃。深层探究其原因，足以构成专门学问。这里说的，只能是儒家获得霸权之后的基本作为、基本影响。

儒家复活后，其潜在能量惊人地爆发出来，开始了大规模重新"整合"中国文明漫长而浩大的工程。让我们简单地数数两千余年中，儒家的基本大事。

第一件事，以修史之权，效春秋笔法，对既往历史做整理记述。

自西汉司马迁开始，此后两千余年的修史大权，一直操持在儒家学派手里。儒家修史，是绝对以儒家理念整理历史的。春秋笔法之下，纵然不能过分掩盖、扭曲某些众所周知的事实，也必在文后以评点形式，给予鲜明褒贬。无论是《史记》的"太史公曰"，还是《资治通鉴》的"臣光曰"，以及全部二十四史的种种作者评点，全部目的只有一个：告诉世人，历史就是如此，只应该这样认识历史！应该说，儒家掌控修史大权的实质，是"重塑"中国文明发展的足迹，是掌控社会意识形态的走向。儒家之心，不可谓不重。修史，是儒家的看家功夫，做得老到细致，绝对以真学问面目出现，绝对以道德仁义为评判标尺，几乎使你不能不相信，事实就是如此。

第二件事，掌控教育制度，以儒家与符合儒家观念的上古经典为唯一教材。

从此，神圣如教义一般的"四书五经"问世，其他所有学派的所有学说，一律从教育领域退出。应该说，教育是儒家的基本功之一。从孔子办学开始，儒家唯一可以骄人的实际成就，便是办教育。但在先秦时代，实在不能说儒家办学最好。就实而论，先秦学派大都是办学高手。除了老子、庄子学生寥寥，墨家、法家、名家、阴阳家、鬼谷子、荀子等，办学本领与实际水平，都丝毫不输于儒家。尤其是墨家，只怕比儒家还强出了三分。唯其如此，儒家深知教育办学的重要，一得霸权，自然要在教育上全力以赴。一家一派掌天下教育大权两千余年之久，而能使教育不濒于窒息者，未尝闻也！

儒家独尊之后，办教育的要害是两个：一则，以儒家经书为教材；二则，以对儒家经典的研习程度为官方应试标准，为入仕标准。如此两个要害，便实际掌控了绝大部分知识分子的奋争出路，使天下"读书人"不得不"入彀"了。

第三件事，对其他学派学说一律封杀，全部逐出官方视野，逐出学堂庭院。

自有"四书五经"问世，儒家便以其霸权地位，驱逐诸子百家学说于庙堂学堂，使其余学说沦为民间形式，逐渐自生自灭。对诸如墨家、法家这等声望过于显赫的死敌，儒家无法强硬抹杀，便极尽冷落排斥，逼你自我萎缩。魏晋南北朝时期，墨家经典已经淹没于"杂书"之中，几乎无法找到文本了。到了清代，涉足法家、墨家、名家等先秦学派的学者，已经是凤毛麟角了。

第四件事，掌控科举制度，从而掌控整个知识阶层的入仕路径。

儒家在这方面的实施方略是：与已经掌控的教育制度相配合，以儒家认可的方式与内容考核知识阶层，从而确定知识分子是否具有做官资格。见诸实践，读书读儒家之四书五经，科举考试考儒家经典题目，阅卷标准是儒家理念，阅卷人是当时的儒家大师。凡此等等关口，你还能逃出儒家手心？这一招厉害之极，连根收拾了所有具有"事功"精神的贫寒阶层。你想改变自身命运吗，便得经过儒家学问这一关，奈何？自唐代科举制度建立之后，儒家忽然人才多多，儒学也代有翻新。至于宋明，理学大为兴盛，可见其中奥妙。

第五件事，将文化人的求学方向单一化，学问内容单一化。

如此做法，目标只有一个——使知识阶层仅仅成为职业文官基地。

儒家的设定是：知识阶层的人生使命只有一个，求学目的也只有一个，那就是做官。人从启蒙开始，修学的内容只能有一种，那便是当官的学问。据儒家说,这是"治世"之学。出于这般设定,儒家对修学内容全面改造。孔子"六艺"中的射箭、驾车等生存技能,因于当官无涉,被后世儒家全部删除;工、水、医、农等末支细学,全部不入正式学堂;官学私学,修学者只能以"四书五经"为圭臬,舍此无他。

为此,后世儒家以通俗形式,作出了社会性说明:"书中自有黄金屋,书中自有颜如玉。"只要当了官,一切享受与特权应有尽有,完全不需要生存技能。所以,一切"末支细学"都是有失身份的,统统不能学。

此等社会政策之下,中国有了全世界独一无二的一个奇特阶层——"读书人"。这种所谓"读书人",在社会民众心目中的种种形象表征是:四体不勤,五谷不分;两耳不闻窗外事,一心只读自己书;衣来伸手,饭来张口;黄卷青灯,皓首穷经;手无缚鸡之力,不修边幅,君子远庖厨;等等。于是,"读书人"也有了一个社会名号——书呆子。对于这种全世界独一无二的"书呆子"现象,中国"读书人"圈子非但丝毫不以为忤,反倒以此类呆痴做派为能事,多有标榜,实在令人啼笑皆非。

历史淘洗 未有穷期

两千余年,儒家已经渗透了中国古典社会的每个毛孔,一一罗列,难而又难。

仅仅是上述基本方面，儒家文化霸权已经给中国文明带来了极为深远的负面影响。

这种深远的负面影响，最重要的有两个方面——

其一，中国文明迷失了本色，日渐趋于衰落，以致最终僵化。

中国的原生文明，形成于中国历史的前三千年，以春秋战国秦帝国三大时代为核心与历史高峰。那时候，诸子百家汪洋恣肆，门派种类应有尽有，其雄浑强健与妖娆秀美相得益彰的气势，其质朴实用与玄奥思辨和谐并存的架构，使中国原生文明有着一种极其坚实的本色，堪称世界文明之唯一。这种本色，要用一句话概括，便是"刚柔相济，强势生存"。从根基上说，中国文明在本质上摒弃懦弱，摒弃"文胜于质"的低劣竞争力。

在这种健康的相互制约而又共生共荣的文明生态环境下，保守复古的儒家，是不足为害的。其学派悲剧，甚至成了一道孤绝凄美的独特文化风景。有强大的天敌制约，儒家既无法泛滥成灾，无法危害社会，又对社会起着一种保守主义的制约作用。儒家自身的健康一面，又为时代增添着内涵。这便是中国文明原生态的伟大意义所在。破坏了这种文明原生态，必然遭受历史的惩罚。

但是，从儒家文化霸权开始，中国原生文明海洋中最保守的孤岛，骤然跃升为自己从来没有担当过的领袖角色，骤然没有了任何学派的制约。从此，中国文明的健康生态开始失衡了。儒家洪水在整个华夏文化圈内猛烈地泛滥着，弥漫着，中国文明开始了漫长的儒家洪水时代。从此，头戴王冠，坐拥霸权的儒家，丧失了对自己赖以成长的伟大文明时代的敬畏，鼓荡着漫天的污泥浊水，开始肆意淤塞最壮美的中国文明原生态环境。儒家越走越远,中国文明原生态,也越来越沙漠化,枯萎化。恒久侵蚀,恒久淤塞,伟大的中国原生文明,终于渐渐僵化了,腐朽了。

及至晚清,中国文明已经沦为一堆令世界强盗垂涎的"古老肉"了。

百余年前,中国惨遭列强连番凌辱,国人方才开始反思。最深刻的困惑是:中国究竟怎么了?为什么忽然之间变成了世界民族之林的孱弱者?我们的老祖先害了我们吗?由此,知识界开始艰难地淘洗已经被侵蚀污染得无法辨认的古老文明,力图淘洗出她本来的颜色。

于是,"打倒孔家店"的口号出来了,新文化运动起来了,难觅踪迹的墨家被挖出来了,法家被挖出来了,林林总总的被淹没学派也被挖出来了。革命有了,运动有了。轰轰烈烈百余年,反反复复"翻烧饼",那个最根本的老问题,还是没有明确答案:中国文明的力量根基究竟在哪里?

时至今日,淘洗工程似乎有了些许眉目。

人们开始从更广阔的历史视角,探索中国原生文明了。社会开始关注春秋战国秦帝国时代了,民族特质的东西,似乎比过去被看得重了。但是,普遍的社会思潮,仍然将儒家看作中国文明的正统。即或如此刚刚开始淘洗,许许多多的"读书人"也已经开始惶惶不安了。在"新儒家"的旗号下,有人重新考证出"克己复礼"是进步的;有人重新考证出,董仲舒是法家;有人重新考证出,"罢黜百家,独尊儒术"不是儒家提出来的;有人要光大"国学",恢复儒家经典在启蒙教育中的作用,要发起读经运动,等等,不一而足。即或是我们的官方,也将境外文化机构定名为"孔子学院"了;一度,孔子像也住进天安门广场了。

显然,在许许多多的中国"读书人"看来,儒家仍然是他们的灵魂依托。他们自觉不自觉地运用种种儒家手段,为儒家的合理性辩护,进而继续维护儒家的文明文化正统地位。更不要说,还有许许多多专吃儒家饭的"专家"群了。显然,要为中国文明确定一个文明历史坐标,从而弄清中国文明的原生态根基,依旧是十分艰难的话题。

其二,中国民族的生命状态严重萎缩,知识阶层的创造力大大降低。

儒家独尊,其内敛保守的学说思想渐渐蔓延渗透社会,中国人的生命状态在一个一个时代中不断递减。西汉之后至隋唐,缓慢递减。宋代开始,迅速递减。中国民族的整体素质,大为下降,民众愚昧之势蔓延社会,书生迂腐之气积重难返,社会尚武之风大为衰落,事功创造精神日渐委顿,实用性科学技术备受遏制,以致被视为"奇技淫巧",堕入下九流地位。

最重要的是,职业官僚阶层的精神世界严重退化,执政理念不断趋于僵化;政务能力日益沦为钻营发迹的厚黑伎俩;腐败无能充斥官场,乡愿之风弥漫政坛。由儒家观念引领的中国王朝之"公器"阶层,日益封闭堕落,导致了中国社会的麻木沉睡。

于是,历史劫难接踵而至,屡次濒临亡国之危。一个基本事实是,在北宋(960—1127)及其之后的抗御外来侵略中,中国开始出现了全世界蔚为奇观的大规模汉奸现象——汉奸政府、汉奸军队、汉奸团体、汉奸文人，花样繁多，丑类汇聚，令人咋舌！外侮当前，相互攻讦的内斗之风大起，"宁亡外敌，不资家奴"的令人目瞪口呆的口号，也从中央庙堂喊了出来……凡此等等丑行，鲜有不以"大儒"自居者所为。

我们不能说，儒家都是软骨头。

但是，软骨头总是儒家，却是十之八九不错。

庙堂淤塞，知识阶层必然窒息。整个11世纪之后，中国"读书人"阶层，几乎完全丧失了文明创造力。所谓"百无一用是书生"，成为知识阶层无可奈何的哀叹与共鸣。凡此等等，中国文明在后一千年经受的种种顿挫屈辱，已经给了儒家霸权最好的结局说明——奉儒家为圭臬，中国文明必然走向衰落。

可以预料的是，许多"读书人"与儒家信奉者，必然要振振有词地将种种危难归结于腐败政府，最终再喊一句："儒家并不当权，欲加之罪，何患无辞！"但是，我们要问一句：作为占统治地位的意识形态，作为决定民族精神指向的居于文化霸权地位的学派，作为曾经的民族精神领袖，儒家究竟做了些什么？儒家不值得检讨吗？信奉儒家的"读书人"们，不值得探究其原因吗？

我们呼唤伟大的中国原生文明。

我们期待伟大的中国文明复兴。

祭秦论：中国原生文明的永恒光焰

我们的历史意识误区

公元前 207 年秦亡,至今岁,2 215 年矣![1]

漫漫岁月,沧桑变幻,人类文明在甘苦共尝中拓展伸延,已经由我们在《大秦帝国》中表现的铁器农耕文明,进境为工业文明与科学文明之交汇时代了。然则,文明的进境并没有从根本上改变人性,没有改变人性的基本需求,更没有改变人类面对的种种基本难题。人还是人,人类还是人类,国家还是国家,民族还是民族;贫困与饥饿依然随处可见,战争与冲突依然不断重演;先民曾经反复论争的人性善恶、法治人治、变革守成、贫富差异等基本问题,并没有因为工业与科学的出现而消弭。甚或相反,交通的便捷与信息的密集,使种种冲突更为剧烈,更为残酷,更为多元,更为全面。我们在高端文明时代面对的基本问题,依然是先民在原生文明时代

---

[1] 本文写于 2008 年。——编者注

面对的基本问题。

我们的脚步,依然是历史的延续。

回首历史,探究文明生发演变之轨迹,对于我们这个五千年绵延相续而守定故土的族群,有着重新立定精神根基而再造高端文明的深远意涵。对于在各种文明的差异与冲突中不断探索未来之路的整个人类,有着建设性的启迪。深入探究足迹漫长而曲折的中国文明史,其根基点,无疑在于重新开掘中国原生文明的丰厚内涵。

深刻认知我们这个民族在文明正源时代的生存方式、生命状态及其无与伦比的创造力,并从高端文明时代应有的历史高度给予正确客观的解析,方能如实甄别我们面临的精神遗产,恰如其分地选择我们的传统文明立足点,避免将古老糟粕当作稀世珍宝的难堪与尴尬。唯其如此,走完大秦帝国的历史之路,再解析帝国灭亡的历史奥秘,清点帝国时代的文明遗产,并回顾我们的历史意识对原生文明时代的认知演变,便成为重新开掘的必要一步。

由于种种原因,我们的历史意识已经长久地堕入了一种误区。

对繁杂细节的考据,淹没了宏阔的文明视野;对具体事件的记叙,取代了高远的剖析与甄别。年深日久,几乎形成了一种怪圈——桩桩小事说得清,件件大事不明白。就事件的发端、经过、结局等具体要素而言,几乎每一日每一事的脉络都是清楚的,不存在诸多民族常有的那种动辄消失几百年的大段黑洞。然则,对重大事件、重大人物、重大时代、国民精神、生存方式等具有文明坐标意义的历史核心元素的研究评判,却始终不着边际,没有形成一种作为国民意识的普遍认知。至少,在已经跨入高端文明的门槛之后,我们的浩瀚典籍中还没有一部立足于文明史高度,对中国传统文明作出整体解析与评判的著作。作为中国原生文明时代的轴心,秦帝国所遭遇的妖魔化,是这种偏狭的历史意识浸渍而成的最大荒诞剧。

我们每每惊叹于地下发掘的宏阔奇迹。

我们常常麻木于文明开掘的精神再生。

追溯秦帝国的历史兴亡脚步,我经常不自觉地陷入一种难以言说的迷茫。埋首检索那些汗牛充栋的典籍史料,我每每惊愕于一个不可思议的现象:对于如此一个只要稍具历史目光与客观头脑,便能评判其不朽文明价值的帝国时代,何以那么多的历史学家、学问家以及种种骚人墨客乃至市井演义,都充满了怨毒的心绪,不惜以种种咒骂横加其身?隋唐之后更是不分析,不论证,不甄别,凡涉春秋战国秦帝国之评判,大体皆统统骂倒。及至当代目下,仍有诸多学人秉承此风,屡屡说得口滑,言辞之轻慢戏侮几近江湖套路,读之既咋舌不已,又颇觉滑稽。

问题究竟出在了什么地方?

何等历史烟雾,使秦文明两千余年不为国人意识所认同?

这既是《大秦帝国》开篇序言提出的基本问题,也是这部作品在最后该当有所回应的基本问题。我力图做到的,是以所能见到的种种史料为依据,解析国民历史意识对秦帝国非议曲解的演变轨迹,并探究秦帝国灭亡的基本原因,发掘中国原生文明的精魂所在,对我所追慕的伟大的原生文明,对我所追慕的伟大的秦帝国,有一个诚实的说法。

是文为祭,以告慰开创华夏统一文明的伟大先贤们。

暴秦说：秦末复辟势力的历史谎言

秦帝国的骤然灭亡，是中国文明史上最大的黑洞。

秦以排山倒海之势一统天下，以变法图强之志大规模重建华夏文明，使当时的中国，既一举跨越了夏商周三代古老松散的邦联文明，又一举整合了春秋战国六百余年剧烈大争所酝酿出的全部文明成果，以最大的规模，以最快的速度，巍巍然创建了人类在铁器时代最为伟大的国家形式，最为进步的社会文明。依照历史的法则，具有伟大创造力的权力主体，其权力生命至少应当延续相当长的一个历史时期。然则，秦帝国却只有效存在了 12 年（其后 3 年为崩溃期）。随着始皇帝的骤然撒手而去，建成这一伟大文明体系的权力主体，也轰然溃灭了。

这一巨大的命运落差，给攻讦与谎言提供了历史空间。

历史的发展，已经显示出固有的内在逻辑：权力主体的灭亡，并不等同于其所创建的文明体系的灭亡；权力主体在某个阶段的突然沉沦，并不必然植根于其所创造的文明体系。历史的事实是：作为文明建筑师的秦帝国骤然灭亡了，秦帝国所创建的文明体系却为后世继承了；秦帝国政权因突发政变而突然崩溃了，其结局也并未改变秦帝国所创造的文明体系的历史本质。

历史的逻辑，已经包含了解析历史真相的路径。

但是，我们对秦帝国灭亡之谜的历史探究，两千余年却一直存在着一个误区：将秦帝国所创建的文明体系与秦帝国权力主体等同而一，论秦亡必以秦政为因，论秦政必以秦亡为果，以秦亡之速推论秦政之恶，以秦政之恶推论秦亡之速，互为因果，越纠缠越乱。由于这个误区的存在，对秦亡原因之探究，长期陷入一种陈陈相因的主流定论：秦政暴虐，暴政亡秦。当然，这个误区只是方法论意义上的误区，是"暴秦"说的学理成因之一。两千余年来我们的史家始终集中于孜孜寻求"暴政"依据，并无数次地重复这则古老的论断，直至当代依然没有发生大的变化，其中自然有着更为深刻的社会历史原因。

"暴秦"说其来有自，我们的梳理得从源头开始。

商鞅变法后，山东六国对秦帝国变法及其崛起有颇多指斥。

对以秦政秦制为轴心的秦文明评判争议，其实自秦孝公商鞅变法之后的秦国崛起时期便开始了。就总体而言，战国时代对秦文明的评判是两大主流：一则，是从制度的意义上高度肯定秦国变法及其所创造的新型法治文明，并力图效法秦国，由此形成了以赵国燕国变法为代表的第三波变法浪潮；一则，是从施政的意义上，对秦国法治作出了严厉指控，其代表性言论是"苛法"说与"虎狼"说。

在战国时代，尚未见到明确的"秦暴政"说法。就根基而言，这两种说法的根基点是不同的。"苛法"之说，是具有"王道"价值观的守旧学派的一种政治评判。尽管这一评判具有守旧学派反对一切变法的特质，并不具有认真探究的客观性，但就其基本面而言，尚是一种法治与政论的争鸣，不具有总体否定的意图。"虎狼"之说，则是山东六国基于族群歧视意识，在抗争屡屡失败之后，以仇恨心态发出的政治诅咒，实属攻讦性的非正当评判，自不当作为历史依据。

从基本面说，秦灭六国之前，天下言论对秦政的评判是积极认定的。最基本的依据，有两方面。一方面，战国末期兼具儒法两学，且学术立场素来公正的荀子大师，对秦制秦政秦风素有高度评价。在《强国》篇中，荀子依亲自入秦的所见所闻，对秦风秦政作出了最高评价："佚而治，约而详，不烦而功，治之至也。秦类之矣！"在《正论》篇中，荀子则对"治世重刑"的合理性作了充分论证，实际是对"苛政"说的回应。荀子之说，没有任何人提出反驳。另一方面，战国末期"天下向一"的历史趋势日渐形成，"天下一统"的可操作战略也由李斯适时提出；这种人心趋势，意味着天下寄厚望于秦政，寄厚望于秦国"一"天下。

如此两个基本面充分说明：战国之世对秦政的总体评判虽有争议，但天下主流，是肯定秦政秦制的。当然，这种肯定的后面，有一个最基本的社会价值原则在起作用：战国变法只有秦国最成功，成功本身是"应时而变"的结果，是顺应潮流的结果；在"求变图存"与"大争事功"成为时代精神的大背景下，整个社会对一个获得巨大成功的国家，是没有理由指责的。

秦帝国一统中国后，舆论情形发生了变化。

变化之一，秦帝国统一中国后的前十年，天下人心的主流是高度赞颂秦政、秦治的。当时，"天下之民，莫不虚心而仰上"。人们为长期战争的终止，为和平安定的到来，为秦帝国发动的一系列大规模建设工程，为秦帝国盘整民生的一系列惠民政策，为秦帝国进军岭南，为秦帝国大规模反击匈奴肃清外患等，由衷地拥戴，由衷地赞叹。

变化之二，始皇帝后期，爆发了关于恢复诸侯制还是建立郡县制的大争论。

由这一大争论生发开去，牵涉出对夏商周三代文明与秦帝国统一文明的总体对比，以及与之相关的总体评判。但是，这场大争论及其余波，仍然被争论各方自觉限定在战国精神所能容纳的正常争鸣之内——主张封建诸侯的一方，并未涉及对秦政的总体指控；主张郡县制的创新方，也并未以对方对传统诸侯制的赞美而横加指责，更谈不上问罪了。

历史声音的突然变调，开始于"焚书坑儒"案之后。自儒生博士们纷纷从秦帝国庙堂"亡"去（不经正式辞职而私自离职），评判秦文明的言论中便出现了一种此前从未有过的声音：秦政"毁灭典籍，暴虐之道也"。被秦始皇拜为少傅文通君的孔子八世孙孔鲋，以及诸多在秦帝国职任博士的名儒，都在离开中央朝廷后，与藏匿山海的六国贵族们秘密联结起来了。这种以"非秦之政"为共同点的秘密联结，使原本并不具有真实政治根基，而仅仅是庙堂论政一家之言的政治评判，不期然滋生为六国贵族复辟的政治旗帜。

从总体上说，秦帝国统一后的始皇帝时期，社会对秦政的评价还是非常正面的。

可是，秦末之乱中，"暴秦"说却以极大的声势陡然生成。

自陈胜、吴广举事反秦，对秦政秦治的认知评判，便成为当时反秦势力必须回答的紧迫问题。最先反秦的陈胜吴广农民集团，最初对秦政并无总体性仇恨。"闾左徭役"们直接仇恨的对象，是秦二世的过度征发，尚不涉及对秦政如何的总体评判。陈胜的"天下苦秦久矣"之叹，所言实际内容，也只是二世即位后的政治行径。基于农民集团的直感特质，陈胜、吴广的发端路径很简单：先以替扶苏、项燕鸣冤为事由，后又以"张楚"（张大楚国）为举事旗号，最终达成以武力抗争谋求最好的社会出路。

演变的转折点，出现于陈胜举事后，谁也预料不到的天下轰然而起的陡然大乱之局。陈胜农民军迅速占据了陈郡，六国贵族与当地豪强纷纷聚来，图谋借用陈胜力量复辟，这才有了最初的"暴秦"说。原发经过是：陈郡"三老"豪强们劝说陈胜称王，并大肆称颂其反秦举事是"伐无道，诛暴秦"的大业。这是贵族阶层第一次对秦帝国总体冠以"暴秦"之名，是中国历史上最早的"暴秦"说。

就其实质而言，这是一个显然的政治权谋。

志在复辟的贵族势力，利用农民集团政治意识的幼稚，以称颂与劝进的方式，将自己的政治目标，巧妙地设定成农民集团的政治目标，从而形成天下共讨"暴秦"的声势。六国旧贵族的实际图谋，则是使农民反秦势力，成为贵族复辟的强大借用力量。其后的历史事实，正是如此演进的。除了刘邦、项燕、黥布、彭越四支反秦势力是借陈胜发端声威而没有直接借用陈胜兵力举事外，其余所有六国贵族都投奔了陈胜吴广集团，直接以陈胜划拨的军马为根基，以"陈王部将"的名义出兵，而后又迅速背叛陈胜，纷纷复辟了六国旗号与临时政权。陈胜政权的迅速消失，其根本原因，正是被大肆渗透其中的贵族复辟势力，从内部瓦解了。

复辟势力遍地蜂起，对秦政秦治的总体攻讦遂以最激烈的复仇方式爆发出来。

六国复辟者们纷纷杜撰煽惑说辞，愤愤然将秦政一概骂倒。其间，诸多攻讦在史料中都是零散言辞，只有三则言论最成系统，因而最具代表性。这三则言论，都是由张耳、陈余为轴心的"河北赵燕"集团所生发的，既是当时最具煽惑力的言论，又是被后世"暴秦"论者引用最多的史料。

唯其如此，我们将这三则言论，全文引录如下：

> 陈中豪杰父老乃说（陈涉称王）……陈涉问此两人（张耳陈余），两人对曰："夫秦为无道，破人国家，灭人社稷，绝人后世，罢百姓之力，尽百姓之财。将军瞋目张胆，出万死不顾一生之计，为天下除残也！今始至陈而王之，示天下私。愿将军毋王，急引兵而西；遣人立六国后，自为树党，为秦益敌也！敌多则力分，与众则兵强。如此野无交兵，县无守城，诛暴秦，据咸阳以令诸侯。诸侯亡而得立，以德服之，如此则帝业成矣！今独王陈，恐天下解也。"

> 武臣等从白马渡河，至诸县，说其豪杰曰："秦为乱政虐刑以残贼天下，数十年矣！北有长城之役，南有五岭之戍，外内骚动，百姓罢敝，头会箕敛，以供军费，财匮力尽，民不聊生。重之以苛法峻刑，使天下父子不相安。陈王奋臂为天下倡始，王楚之地，方二千里。莫不响应，家自为怒，人自为斗，各报其怨而攻其仇，县杀其令丞，郡杀其守尉。今已张大楚，王陈，使吴广、周文将卒百万西击秦。于此时而不成封侯之业者，非

人豪也！诸君试相与计之！夫天下同心而苦秦久矣！因天下之力而攻无道之君，报父兄之怨而成割地有土之业，此士之一时也！"

（武信君）引兵东北击范阳。范阳人蒯通说范阳令曰："窃闻公之将死，故吊。虽然，贺公得通而生。"范阳令曰："何以吊之？"对曰："秦法重。足下为范阳令十年矣！杀人之父，孤人之子，断人之足，黥人之首，不可胜数。然而慈父孝子莫敢倳刃公之腹中者，畏秦法耳！今天下大乱，秦法不施，慈父孝子且倳刃公之腹中以成其名。此臣之所以吊公也！今诸侯畔秦矣，武信君兵且至，而君坚守范阳，少年皆争杀君，下武信君。君急遣臣见武信君，可转祸为福，在今矣！"范阳令乃使蒯通见武信君（又做了范阳令的使者，这里又有了一大篇为范阳令辩护的说辞）……武信君从其计，因使蒯通赐范阳令侯印（注意，又成了武臣的使者）。赵地闻之，不战以城下者三十余城。

这三则以攻讦秦政秦治为轴心的言论，具有显然的不可信处。

其一，强烈的复仇心态与权谋目标，使其对秦政的攻讦明显是个谎言。

简单说，第一则，是张耳、陈余势力利用农民集团在政治上的幼稚，对陈胜设置的巨大政治陷阱：不要急于称王，农民军应当一面全力对秦作战，一面同时扶持六国贵族尽速复辟。这一陷阱的要害，是诱骗农民军抵挡秦军，而六国贵族趁机复辟称王。为了这一目标，张陈两人将"破人国家，灭人社稷，绝人后世"列为"暴秦"之首恶，将复辟六国旧政权作为"为秦树敌"的首要急务。后来的事实是：包括张陈集团在内的六国贵族，一旦借陈胜兵力出动，便立即迅速称王，丝毫不顾忌"示天下私"的嫌疑了。这等基于赤裸裸的复辟权谋需要蓄意生发的"暴秦"说，是典型的攻讦说辞，无法与严肃的评判相提并论。是故，后世说者大多悄悄抛弃了这一说法，不再将"灭人国家"——统一六国，作为秦帝国的罪行对待了。

其二，为达成尽速下城占地的实际利益，嘘声恐吓，肆意夸大。

蒯通说范阳令之辞，是"秦任酷吏"说的代表。其对民众仇恨之夸张，其先前的恐吓与后来的抚慰之间的自相矛盾，都到了令人忍俊不禁的地步。显然的事实是：蒯通为使自己成为纵横名士，先恐吓范阳令，再允诺自己所能给范阳令的前途（只要降赵，为复辟势力收复城池，便可"转祸为福"）。而后，蒯通再转身变作范阳令特使，又对武臣大说范阳令的苦衷，使武臣"从其计"。再后，蒯通又摇身变作武臣特使，赏赐范阳令以侯爵印并高车驷马。至此，蒯通个人目标达成，成为名士重臣。范阳令也"转祸为福"，武臣更借此得到三十余城。

此等秦末策士卷入复辟黑潮，其节操已经大失战国策士之水准，变成了真正的摇唇鼓舌，唯以一己之利害为能事的钻营者。即或被涂抹上"贤名"的张耳、陈余，后来也因权力争夺大起龃龉，终究由刎颈之交变成了势不两立。此等实际利益争夺中的嘘声恐吓，多有肆意夸大，不足作为史料凭据。

其三，反秦说辞大而无当，与当时事实有显然的矛盾，诸多纰漏经不起推敲。

譬如，武臣集团的说辞，其显然的夸大胡诌，至少有四处：一则，"吴广、周文，将卒百万西击秦"。《史记》只云"数十万"，尚且可疑；百万大军攻秦，全然信口开河。二则，陈涉"王楚之地，方二千里"。其时，陈胜农民军连一个陈郡尚且不能完全控制，何来方二千里土地？三则，"头会箕敛，以供军费"。秦帝国军费来源颇多，说辞却夸张地归结描绘为"家家按人头出钱，官府以簸箕收敛"这一残酷形式。四则，"家自为怒，人自为斗，各报其怨而攻其仇，县杀其令丞，郡杀其安慰"。就实而论，凡举事反秦之地，在初期肯定有仇杀与杀官之事实，如项燕、刘邦举事都是如此。然若天下尽皆这般，何以解释章邯大军出动后，在大半年之内的秋风扫落叶之势？

这里，秦末的复辟势力，具有典型的反文明性与残暴性。而秦末复辟势力表现出的强烈的施暴实践，又最充分反证出其"诛暴"言论的虚伪性。作为秦末复辟势力的轴心，江东项羽集团的大暴行，具有骇人听闻的酷烈性。《史记·项羽本纪》记载了项羽集团对平民与降卒的六次大屠杀，全部都是战胜之后骇人听闻的屠城与杀降。第一次襄城屠城，坑杀全城平民；第二次城阳大屠杀，杀光了此前辅助秦军抵抗的全城平民；第三次新安大屠杀，坑杀秦军降卒二十万；第四次咸阳大屠杀，杀戮关中平民无计，大烧大杀大劫掠大掘墓；第五次破齐大屠杀，坑杀田荣降卒数目不详，大劫掠大烧杀，逼反复辟后的齐国；第六次外黄大屠杀，因一个少年的利害说辞而放弃。

种种大规模暴行之外，项羽又恢复了战国大煮活人的"烹杀"，后来又有杀楚怀王、杀秦王子婴并嬴氏皇族、大掘秦始皇陵等暴行。项羽集团频频大规模施暴，使大屠杀的酷烈恶风，在秦末之乱中骤然暴涨。号为"宽大长者"而相对持重的刘邦集团，也有两次大屠城：一屠颍阳，二屠武关。自觉推行安民方略的刘邦集团尚且如此，其余集团的烧杀劫掠与屠杀，则自可以想见了。

当时，不幸成为"楚怀王"的少年芈心，对项羽的种种恶魔行径始终心有余悸。这个楚怀王的老将们忧心忡忡而又咬牙切齿地说："项羽为人，僄悍猾贼！项羽尝攻襄城，襄城无遗类，皆坑之！诸所过无不残灭！"故此，楚怀王坚执不赞同项羽进兵咸阳，而主张"宽大长者"刘邦进兵咸阳。僄者，抢劫之强盗也。悍者，凶暴蛮横也。猾者，狡诈乱世也。贼者，邪恶残虐也。这四个字，最为简约深刻地勾出了项羽的恶品恶行。因了这番评价，项羽对楚怀王恨之入骨。此后两三年，楚怀王便被项羽以"义帝"名目架空，之后又被毫不留情地杀害了。楚怀王们能如此评判，足见项羽的酷烈大屠杀，已经恶名昭著于天下了。

太史公亦曾在《项羽本纪》后对其凶暴深为震惊，感慨云："羽岂其（舜帝）苗裔邪？何兴之暴也！"《史记》"索隐述赞"最后亦大表惊骇云："嗟彼盖代，卒为凶竖！"——很是嗟叹啊，他这个力能盖世者，竟陡然成了不可思议的凶恶之徒！显然，项羽之凶恶为患，在西汉之世尚有清醒认知。孰料世事无定，如此一个恶欲横流、凶暴骇人的"僄悍猾贼"，晚唐伊始竟有人殷殷崇拜其为英雄，惋惜者有之，赞颂者有之，以致颂扬其"英雄气概"的作品广为流播。

如此荒诞认知，我族良知安在哉！是非安在哉！

整个战国之世兵争连绵，却没有过一次屠城暴行。秦始皇灭六国大战，秦军也没有任何一次屠杀平民的暴行。秦末复辟势力却变成了疯狂恶魔，对整个社会展开了变态的报复，其残暴酷烈，远远超过了他们所指斥的"暴秦"千百倍。此等无与伦比的大破坏、大摧毁暴行，使"楚汉相争"的短短几年，成为中国乃至整个人类历史上绝无仅有的飓风大破坏时期。其直接后果是，繁荣昌盛的帝国文明，在五六年中骤然跌入了"人相食，死者过半"的大萧条大赤贫境地，以致西汉建政五十余年后，仍然陷入严重赤贫而不能恢复。

作为历史谎言的生发期，说者的动机手法，说者的怨毒心绪，已经在上述特征中得到了最充分体现。某种意义上，秦末复辟者的言行，恰如孔子指斥少正卯所描画的："心达而险，行僻而坚，言伪而辩，记丑而博。顺非而泽。"是故，其攻讦之辞，无处不似是而非，几乎没有一条可以作为评判秦文明的依据。忽视这些基本特征，而将其作为论证"暴秦"的历史依据，意味着我们的历史意识尚不具有高端文明时代应有的分析水准。

历史实践与历史意识的最初分裂

西汉时期，以对秦文明的评判为轴心，历史的实践与意识出现了最初的分裂。

历经为祸剧烈的秦末之乱与楚汉相争,西汉王朝终于再度统一了中国。当此之时,如何面对秦帝国及其母体春秋战国时代,成为西汉建政立国后最为紧迫的实际问题。如何解决这一问题,直接取决于主导阶层的历史意识。所谓历史意识,其轴心是社会主导阶层的文明视野及其所能代表的广泛的社会利益,而绝非领袖的个人秉性,绝非少数人的权力阴谋所能决定。所谓文明视野,所谓社会利益的广泛度,这里有一个具体的基准:面对秦帝国所开创的统一文明,是全面继承还是另起炉灶?

西汉,是一个极其重要的具有特殊意义的时代。

这一特殊意义在于:西汉处在中国创建统一文明之后的第一个十字路口,最具有发生种种变化的社会潜质,最具有重塑中国文明的种种可能。一言以蔽之,西汉王朝承担着"如何承前,如何启后"的最重大历史课题。唯其如此,西汉王朝的历史抉择,就显得特别重要。

西汉的开国主力阶层,基本是由秦末各种社会职业的中下层人士组成的。其中坚力量之中,除了一个韩国贵族张良,刘邦集团的文臣武将大多由吏员、商贩、工匠、小地主、游士、苦役犯六种人构成。刘邦本人,更是典型的秦末小吏(亭长)。虽有职业的不同与社会身份的些许差异,但就总体而言,他们都处于平民阶层的普通浮动空间。

这一广大阶层,是孕育、游离出战国布衣士人的社会土壤。秦末布衣士人群中的佼佼者,几乎无不具有战国布衣之士的进取特质。从社会意识与历史意识的意义上说,当时的士人阶层,是对历史与所处时代有着相对全面、客观、清醒认识的唯一社会阶层。基于这种社会根基，刘邦集团的种种政治作为，一开始便与项羽集团有着较为鲜明的反差。

对待秦文明的基本态势，刘邦集团与项羽集团更有着重大的区别。项羽集团作为既得利益的丧失者，对秦文明恨之入骨，既彻底地有形摧毁，又彻底地精神否定，灭秦之后则完全复辟了诸侯制。刘邦集团虽然反秦，却对帝国功业、帝国统一文明，对秦始皇本人，都始终有着一种实实在在的景仰。为此，对于帝国统一文明的取舍，刘邦集团一开始采取了审慎权衡抉择的做法。

从汉高祖刘邦到汉武帝刘彻，历经百余年，西汉终于完成了这种权衡抉择。

这一过程，并不全部都是难题。对于中央集权、郡县制、统一政令、统一文字、统一度量衡、统一生产交通标准、移风易俗，以及种种社会基本法度，西汉王朝都全部继承了秦文明框架。所谓"汉承秦制"，此之谓也。事实上，重新确立的秦制，也被整个社会迅速地重新接受了。所谓权衡抉择，主要集中于两个核心：一则，如何对待具有强大传统的诸侯分封制；二则，如何对这种实际继承秦制而道义否定秦制作出合理阐释。具体说，对待分封制的难点是，要不要仿效秦帝国废除实地分封制，实行虚封制。合理阐释继承与否定秦文明矛盾的难点，则是要在反秦的正义性与秦统一文明的历史价值之间，作出恰如其分的评判与说明。

对于分封制难点，西汉王朝作出了有限妥协，至汉武帝时期，基本确立了有限实地分封制。这一基本制度，比秦帝国有所倒退，也给西汉王朝带来了长期的恶果。这是"汉承秦制"历史过程中的另一个基本问题。尽管西汉的妥协是有限的，然由于分封制（即或是有限的实地分封制）带来的社会动荡连绵不断。故此，在西汉之后，这种有限分封制一代比一代淡化，魏晋之后终于演变为完全的虚封制。也就是说，对秦制的实际继承，在西汉之后更趋完整化。这一历史现象说明，历经秦末乱世的复辟劫难，又再度经过西汉初中期"诸侯王"引发的动荡，历史已经最充分地昭示出一则基本道理：从秦制倒退，是没有出路的，其结局只能导致中国重新陷入分裂动荡。历经春秋战国五百余年激荡而锤炼出的秦制，是适用于社会的，是有益于国家的，是有利于华夏民族长远壮大发展的。

从实际制度的意义上说，秦文明在本质上获得了完全的历史认可。而对秦文明的价值否定，则与对秦文明的实际继承发生了巨大的矛盾。

西汉王朝，是发端于反秦势力的新政权。这一最基本的事实，决定了西汉政权不可能对秦帝国及秦文明在道义上给予认同。否则，西汉政权便失去了国家存在的正义资本。对于历来注重道义原则、强调师出有名的古老传统，这一点非常重要。中国古代社会，其所以将"吊民伐罪"作为最高的用兵境界，其根源正在于注重战争行为的正义资本。若对方不是有罪于天下的暴政，而加之以兵，便是"犯"，而不是"讨"或"伐"。如今，既是天下"讨秦伐秦"，则秦只能是"暴政"无疑。这便是中国古老的政治道义传统所蕴含的政治历史逻辑。

虽然，刘邦集团的社会根基不同，决定了其与六国贵族的复辟反秦具有种种不同。但在指斥秦政并否定秦文明价值，从而使自己获得反秦正义性这一点上，却是共同的。其间区别，只是指斥秦政的程度与方式不同而已。如前所述，六国贵族对秦政秦文明是仇恨攻讦，是蓄意谎言。刘邦集团的指斥秦政，则仅仅限于泛泛否定。

细察《史记·高祖本纪》，刘邦本人终其一生，对秦政的评判只有两次。

这两次，还都是同一句话。一次，是最初的沛县举事，刘邦在射入城邑的箭书上说了一句："天下苦秦久矣！"另一次，是关中"约法三章"时，又对秦中父老说了一句："父老苦秦苛法久矣！"

另外，还有两件值得注意的事情。一件事，是刘邦在称帝后的第八年，也就是临死之年的冬天，下诏为战国以来六位"皆绝无后"的王者，建立固定的民户守冢制度：陈胜及赵悼襄王等四王，各封十家民户守陵。信陵君封五家。只有对秦始皇，刘邦封了二十家守陵。在其后两千余年的历史上，封民户为秦始皇守陵，刘邦是唯一的一个。与之相对比的是，汉武帝泰山封禅时，儒家大臣们已经可以明确提出秦始皇不能进入封禅之列了，而汉武帝也采纳了。

另一件事，是刘邦在建政第六年，擢升秦帝国的统计官张苍为"计相"，并"令苍以列侯居相府，领主郡国上计者"。实际上，便是以萧何为总政丞相，以张苍为主掌经济的副丞相。以秦帝国经济重臣为自己的经济丞相，刘邦推行秦政的实际意图是很明确的。这位张苍，后来在汉文帝时期一直擢升至丞相，总政十余年。其时，甚至连西汉王朝的历法、国运、音律等，都一律秉承秦文明不动。

这种原封不动的实际继承,一直延续到汉武帝。

与刘邦同代的开国重臣,也鲜有系统指斥秦文明的言论。

最典型者,是大谋士张良。张良曾经是韩国末世的"申徒"(民政经济大臣),纯正的六国贵族,且其青年时期始终以谋杀秦始皇与鼓动复辟反秦为使命。但是,在投入刘邦集团后,张良却只以运筹谋划为己任,从来没有涉足实际政务,也从来没有对秦政作出过公然指控。刘邦称帝后,张良便事实上隐退了。身为六国贵族,张良的政治表现,前后有着巨大变化且最终退隐,颇值得探究。历来史家与民间演义,皆以"淡泊名利,功成身退"说之。实则不然。张良的变化,实际与刘邦集团的政治氛围密切相关。张良既不能使刘邦复辟诸侯制,又不愿追随刘邦实际推崇秦政,只有忍痛抛开历来的政治企图,而走入修身养性的"神仙"道路。这是较为接近历史真相的评判。

刘邦之后的吕后、惠帝、文帝、景帝君臣,情形皆大体相同,都极少涉及评判秦政,但有涉及,也只是淡淡几句宽泛指斥。也就是说,在汉武帝之前,对秦政秦制的理念否定尚停留在感性阶段——出于必需的反秦正义原则,仅仅对秦文明有原初的必需的感性否定而已。于是,"天下苦秦久矣"便成了笼统的代表性说法。

而对秦文明的感性指斥,在汉武帝时期开始发生变化。

西汉对秦文明的评判,由感性向知性转化,并开始了大规模的理论探究。

这一变化的背景是:西汉政权已经稳定昌盛,并开始着手解决文治武功方面的种种难题。武功方面,是大力连续反击匈奴。文治方面，则以阐释继承与否定秦文明的历史矛盾为基点，确立国家意识形态的主流价值法则。在这一大背景下，文治目标的实现是两个方面的现象：其一，涌现了中国历史上第一部系统梳理华夏足迹的经典史书——《史记》，对秦政秦制作出了否定评判；其二，涌现了大量审视、批评秦文明的言论与文章。

从总体上说，西汉时期对秦文明的评判，以及对秦亡原因的探究，呈现出相对宽容的态势。所谓相对宽容，是西汉思想界的评判，大体摆脱了秦末复辟势力充满怨毒与仇恨的心绪，开始从论说事实的意义上评判秦文明。一个基本的事实是：西汉学人无论是肯定还是否定秦文明，都极少引用秦末复辟者咒骂秦政的恶毒词句，一般都是在陈述自己认定的事实。尽管，其中不乏大而无当的囫囵指责，但就其基本面说，相对平和了许多。

但无论如何宽容平和，西汉对秦文明的理性否定是清楚的。

具体说，为西汉武帝时太史令司马迁所作的《史记》相关篇章中，尚很少对秦文明作出总体指斥。在《货殖列传》《河渠书》《平准书》等综合性叙述篇章中，都是铺叙历代经济功绩与地域风习，基本不涉及对历代文明演进的阶段性总体评判。即或在专门叙述意识形态变化的《礼书》《乐书》《律书》中，也很少正面指斥春秋战国秦帝国时代。在《礼书》中只有一段隐约肯定又隐约指责的说法："周衰，礼废乐坏……至秦有天下，悉内六国礼仪，采择其善，虽不合圣制，其尊君抑臣，朝廷济济，依古以来。至于高祖……大抵皆袭秦故……少所变改。"在《太史公自序》及人物之后的"太史公曰"中，偶有"秦失其道""秦既暴虐"等言辞，但远未达到秦末复辟势力那般的一体咒骂,亦远未达到后世史家那般的总体认定"暴政亡秦"说。

汉武帝本人的态度,也是颇具意味的。

《史记·礼书》有一则基本事实:汉武帝大召儒术之士,欲图重新制定礼仪,有人便主张恢复古代礼制。汉武帝下诏说:"盖受命而王,各有所由兴,殊路而同归,谓因民而作,追俗为制也。议者咸称太古,百姓何望?汉亦一家之事,典法不传,谓子孙何!化隆者闳博,治浅者褊狭,可不勉与!"显然,汉武帝对走向复古是敏感的,也是严厉的,即或仅仅是礼制复古,也依然给予很重的批驳,将话说得分外扎实:汉也是历代之一家而已,没有自己的法度礼仪,何以面对子孙!敏感什么?警觉何在?其实际底线是很清楚的——不能因为否定秦政而走向复古。这次诏书之后,汉武帝没有接受儒术之士的理念,而是大行更新:改历法、易服色、封泰山、定宗庙百官礼仪,完成了既不同于复古又不同于秦制的"汉家礼仪","以为典常,垂之于后"。汉武帝的颇具意味处,在于其始终自觉地把握着一则施政理念:秦政可否定,然既不能因对秦的否定而走向复辟,也不能如同汉高祖那样全盘继承秦制。

如此,对秦文明的否定,既不像汉初那样轻浅,也很难如后世那般极端化。

这一基本事实,透露出一则值得注意的历史信息:即或已经到了汉武帝时期,西汉对秦文明的总体性评判已经明确地持否定态度,然其基本方面依然是谨慎的,依然避免以系统形式作最终的简单否定。《史记》中"非秦"言论的感性闪烁,以及这一时代诸多思想家对秦政秦制的评判，都在否定中包含着肯定，几类汉初的贾谊。凡此等等，足证这一时期对文明演进史探究的相对慎重与相对平和。

西汉对秦文明的总体评判，在汉武帝之后开始了重大变化。

变化的标志，是在官方声音中开始出现总体否定秦文明的说法。

所谓总体否定，是否定中不再包含肯定，而是全部一概否定。对秦文明的分析态度，也开始消失了。最基本的事实，是汉昭帝时期的盐铁会议大论争。作为会议记录的《盐铁论》，如实记载了"贤良文学"与中央主政大臣桑弘羊的争论。

在《盐铁论》中，集中涉及评判秦文明的篇章，有《诛秦》《周秦》《伐功》《申韩》《备胡》等。贤良文学者，西汉之职业理论家也，儒生之群体也。他们对秦文明的评判，是总体否定、一概否定，而不包含任何肯定的。其典型言论有："商鞅反圣人之道，变乱秦俗，其后，政耗乱而不能治，流失而不可复。""秦任战胜以并天下，小海内以贪胡、越之地。""秦力尽而灭其族，安得朝人也！"等等。连反击匈奴这样的正义之举，也被说成"贪地"，其荒谬可见矣！

中央主政大臣桑弘羊的评判，则截然相反，这里不再列举。

虽然，从形式上说，这种整体指斥秦文明的论说，只是中央会议的一家之言，并不绝对代表中央朝廷的声音。但是，能以全盘否定秦文明的历史价值观为基准，以群体之势向朝廷正在奉行的实际政策发难，其中蕴含的转机是意味深长的。

西汉时代的秦文明评判，还更多地表现在官员学者的个人论著中。

也就是说,在官方探究的同时,西汉时期具有官员身份的学人,对秦政得失与秦亡原因,也开始了大规模探究。这种探究有着一个鲜明的趋势:总体否定秦文明,局部或有肯定;力图从秦文明本身的缺失中,寻觅秦帝国灭亡的原因。就其论说的影响力而言,西汉的不同时期分别有四个代表人物:一个是淮南王刘安学派;一个是贾谊;一个是贾山;一个是董仲舒。

淮南王刘安的学派,凝聚了一部作品,名为《淮南子》,其对秦文明、秦帝国、秦始皇一体指斥,从经济、军事、政治、民生等基本方面全面论说,最终评判属于全盘否定式。《淮南子·氾论训》的经济否定论可谓代表,其云:"秦之时,高为台榭,大为苑囿,远为驰道,铸金人,发适戍,入刍稿,头会箕赋,输于少府。丁壮丈夫,西至临洮、狄道,东至会稽、浮石,南至豫章、桂林,北至飞狐、阳原,道路死人以沟量!"

贾谊的《过秦论》,是被历代推崇的一篇综合评判性史论。贾谊的基本立场,是否定秦文明的,然也对秦孝公商鞅变法作了高度肯定,对秦始皇的基本功绩也作了相对肯定。贾谊对秦亡原因的总论断是:"仁义不施,而攻守之势异也!"贾谊对秦文明的总体论断则为:"秦王……废王道,立私权,禁文书而酷刑法,先诈力而后仁义,以暴虐为天下始……故秦之盛也,繁法严刑而天下震……秦本末并失,故不长久。"

贾山给汉文帝的上疏,也是明确指控秦政,号为"至言"。其代表性言论是:"秦……赋敛重数,百姓任罢,赭衣半道,群盗满山，使天下人戴目而视，倾耳而听！"其文咒骂秦始皇尤烈："秦王贪狠暴虐，残贼天下，穷困万民，以适其欲也……秦皇帝身在之时，天下已坏矣，而弗自知也！"因贾山之说大而无当，几近于秦末复辟势力的怨毒咒骂，故其影响力在后世较弱，不如贾谊与其后董仲舒的论说。

董仲舒的指控秦政，属于全盘否定式的代表，其经济指控、法治指控、教化指控，最为后世"暴秦"论者看重。董仲舒一生文章极多，仅上书便有123篇。其论秦之说主要有两则，一则见于《汉书·董仲舒》记载的上书，一则见于《汉书·食货志》转引的"董仲舒说上曰"（上书或问对记载）。两论皆具后世"暴秦"说的典型性，所以成为被后世史家反复引证的史料依据。故此，摘录于下——

《汉书·食货志》转引其经济指控云：

> 古者税民不过什一，其求易供；使民不过三日，其力易足……至秦则不然，用商鞅之法，改帝王之制，除井田，民得卖买，富者田连阡陌，贫者亡立锥之地。又颛川泽之利，管山林之饶，荒淫越制，逾侈以相高；邑有人君之尊，里有公侯之富，小民安得不困？又加月为更卒，已，复为正一岁，屯戍一岁，力役三十倍于古；田租口赋，盐铁之利，二十倍于古。或耕豪民之田，见税什五。故贫民常衣牛马之衣，而食犬彘之食。重以贪暴之吏，刑戮妄加，民愁亡聊，亡逃山林，转为盗贼；赭衣半道，断狱岁以千万数。汉兴……

《汉书·董仲舒传》载其法治指控云：

至秦则不然。师申商之法，行韩非之说，憎帝王之道，以贪狼为俗。非有文德以教训于下也。诛名而不察实，为善者不必免，而犯恶者未必刑也……又好用憯酷之吏，赋敛亡度，竭民财力，百姓散亡，不得从耕织之业，群盗并起。是以刑者甚众，死者相望，而奸不息。

《汉书·董仲舒传》记载其教化指控云：

至周之末世，大为亡道，以失天下。秦继其后，独不能改，又益甚之，重禁文学，不得挟书，弃捐礼谊而恶闻之。其心欲尽灭先王之道，而颛为自恣苟简之治，故立为天子十四岁而国破亡矣！自古以来，未尝有以乱济乱，大败天下之民如秦者也！其遗毒余烈，至今未灭，使习俗薄恶，人民嚚顽，抵冒殊捍，孰烂如此之甚者也！孔子曰："腐朽之木不可雕也，粪土之墙不可圬也。"今汉继秦之后，如朽木、粪墙矣，虽欲善治之，亡可奈何……为政而不行，甚者必变而更化之……故汉得天下以来，常欲善治而至今不可善治者，失之于当更化而不更化也。

董仲舒经济指控与法治指控的经不起推敲，我将在后面一并澄清。

这里需要指出的是：董仲舒在教化指控中，将西汉"习俗恶薄"

的原因，不归结为六国贵族集团大复辟带来的社会大破坏，而全数归结为秦政，这是显然的历史偏见。这种偏见并非误解，而是蓄意为之。董仲舒的目的很明确：促使汉制"更化"，变为以"三代王制"为本体，由儒家执意识形态之牛耳的实际制度。而如果将世道沦落之根源归结于以复古为基础理念的复辟动乱，则无异于否定了儒家颂扬"王制"的正当性。

所以，董仲舒只能将世风败坏的罪名，整体性地推于秦政了事。此等基于显然的政治意图而全盘否定秦文明的做法，实在不甚高明，也存在着太多的矛盾纰漏。是故，并没有从总体上动摇"汉承秦制"的实际国策。

董仲舒生于西汉中期，距秦帝国时代不过百年上下，对复辟势力的暴力毁灭、相互背叛、杀戮劫掠、道德沦落等恶行及其破坏力与后遗症，应该很清楚。对最为残暴的项羽集团的大破坏，董仲舒应该更清楚。然则，董仲舒却将这种破坏整个文明结构、破坏社会伦理的罪责，转嫁于素来注重建设而法度整肃的秦帝国时代，事实上是不客观的，是经不起质疑的。此等理念的背后潜藏着什么样的居心，不值得后人问一句吗？

总体看，西汉之世，秦末复辟势力的历史谎言遭到了一定的遏制。

但是，西汉之世对秦文明的总体评判，也第一次以理论化的否定形式出现了。这种理论化，既表现于相对谨慎的官方探究，更表现于以私学官学中的种种个人探究为形式特征的普遍"非秦"思潮。

正是在诸如贤良文学、淮南王学派，以及贾山、董仲舒等儒家名士部分或全面指控秦文明的思潮中，使秦末复辟势力的历史谎言又有了重新复活的历史机遇，并最终酿成了西汉末期王莽复辟的实际灾难，又最终弥漫为久远的历史烟雾。

从形式上说，西汉时代对华夏文明演进的总结与审视，对秦文明的总结与审视，是中国历史意识的第一次自觉。但是，由于具体的政治原因，由于所处时代文明视野的限制，这次大规模相对自觉的文明史审视，却最终产生了接近于"暴秦"说的否定性结论。

这一结论，导致了不可思议的分裂：实际继承秦文明，理念否定秦文明。

此前的中国，历史的脚步与历史的意识，从来是坦率合一的。一个政治集团认定并推崇某一种文明，必然竭尽全力去追求，去实现，反之则断然抛弃。只有从西汉这个时期开始，中国历史的脚步与中国历史的意识，出现了怪诞的分离。尽管这种分裂是初始的，远非后世那般严重。但是，这一分裂，因东汉的秉承而延续跌宕四百余年之后，却终于积淀为荒诞的历史定式。

作为实际继承秦文明的两汉中央政权，基于种种原因，始终对这种荒诞的分裂保持了默认，保持了实际上的支持。同时，由于"罢黜百家，独尊儒术"文教方略的确立，儒家历史价值观日益占据主流，中国历史意识对秦文明的荒诞分裂——实际建政与价值评判的分裂，随着历史的推移而更趋深重了。

历史烟雾的久远弥散

历史意识中的"非秦"烟雾，终于无可遏制地弥漫开来。

大一统的秦帝国15年而亡，既无修史遗存，亦无原典史料现世。项羽的屠戮劫掠与焚烧，使大咸阳化作了废墟，集战国之世全部典籍法令与文明书证的丰厚无比的帝国文档库存，悉数付之罪恶火焰。从此，这个伟大的帝国，丧失了为自己辩护的绝大部分书证、物证与人证，沦入了面对种种口诛笔伐而无以澄清的境地。

就实说，后世对秦帝国的评判依据，相对直接的文本资料大体有四种：其一，后来抢救再现的先秦典籍与诸子著作；其二，秦帝国遗留于山川河海的部分勒石碑文，以及残存物证；其三，司马迁《史记》所记载的经过作者"甄别"的史实；其四，西汉初期帝国遗民的部分亲历言论记录。当然，若天意终有一日可使始皇陵地宫藏品再现于世，我们为这个伟大帝国辩护的直接证据，完全可能发生根本性的改变。

在此之前，我们的澄清依然分外的艰难。

但是，我们的努力不能停止。

历史，正是这样一步一步走过来的。

所谓国家与民族的历史意识，大体是四个层面：其一，历代政权对原生文明的实际继承原则；其二，见诸正史的官方意识对历代文明演进的价值评判；其三，历代史家学者及学派的历史论说；其四，见诸文学艺术与民间传说的普遍认知。

我们历史意识中的"非秦"烟雾，同时体现于这四个方面的种种变形。

自西汉之后，秦帝国及其所创建的统一文明，在理念上被大大扭曲变形，且表现为一个愈演愈烈的历史过程。也就是说，两千余年来，我们对自己统一文明初创时代的总体评判，始终处于一种不可思议的割裂状态。一方面，在建政原则上，对秦帝国统一文明框架原封继承，并全力维护；另一方面，在理念认定上，对秦帝国统一文明与春秋战国的文明功绩又极力否定，极力攻讦。

这是一个奇特而巨大的矛盾。在整个人类文明史上，没有哪个创造了独立文明的民族，在后来的发展中极力贬低本民族原生文明的先例，更没有实际继承而理念否定的荒诞割裂。唯有我们，承受了先人的丰厚遗产，还要骂先人不是东西。此等咄咄怪事，发生于我们这个自认深有感恩传统的古老民族身上，岂非不可思议哉！

一片博大辽阔的文明沃土呈现出来，耕耘者的尸体横陈在田间。后来者毫不迟疑地宣布了沃土继承权，却又困惑于曾经包括自己在内的一群人杀死了耕耘者不好交代。于是，一面谨慎地审视着这片沃土，一面小心地探询着其余人对农夫之死的说法。接着，人们有一搭没一搭地耕耘着，开始探究起来，渐渐争论起来，又渐渐吵成了一团。终于，将耕耘者的死与被开垦的沃土连成了一体，无休止地吵嚷起来。有人说，这片土地邪恶，导致了农夫的突然死亡，与群殴无关。有人说，农夫愚蠢不知歇息，才有突然死亡。有人说，农夫耕耘有误，给这片土地留下了祸根。有人说，农夫根本不该开垦这片土地。有人说，农夫用力太猛，死得活该。

一代代争吵延续下来，人们终于一致认定：这是一个坏农夫，原本该死，不需争论。有浑不知事的孩童突然一问："农夫坏，开出来的土地也坏吗？"人们惊愕良久，又齐声回答："土地是我们的了，自然不坏！"于是人们力乏，从此不屑提起这个死去了的坏农夫。后来索性简化，见了农夫尸体只啐得一口，骂得一声了事。偶有同情者，遥望农夫尸体叹息了一声，立即便会招来人众鄙视千夫所指……

一则古老的寓言，一幅历史的写真。

大伪欺史，文明何堪？

西汉末期，基于对秦政的普遍指控，对夏商周三代的"王制"文明一时滋生出一种向往思潮。在这一思潮的弥漫中，一股信奉儒家文明价值观的社会势力崛起了。在追谥孔子为"褒成宣尼公"的同时，这股势力力图重新复辟周制，再现那个"宪章文武，礼治王化"的远古田园诗时代。这便是号为"新始"的王莽集团，在近二十年的岁月里全面复辟周制的荒诞时期。

历史的演进是残酷的：王莽集团竭尽全力改制复古，非但没有使天下趋于王道昌盛，反倒引发了大饥荒大混乱大动荡，华夏大地再次沦入了较秦末大劫难有过之而无不及的社会大倒退。西汉两百余年累积的文明成果，悉数付之东流。绿林赤眉农民军遭遇的大饥饿大杀戮，其酷烈程度远远甚于因不堪徭役而举事的陈胜吴广农民集团。

历史的教训是冰冷的。随后立定根基的东汉政权，不再做任何复古之梦，很现实地回到了忠实效法西汉秉承秦制的道路上，在实际施政中再度肯定了秦文明的价值,断然摒弃了复古道路。秦末至西汉末的两百多年间,历经项羽、王莽两次大复辟,既带来了毁灭性的灾难,也对整个社会历史意识产生了巨大的震慑。此后的中国历史上,尝试复辟"三代王制"的政治狂人再也没有出现,即或偶有政治幻想症者,也只能自家嘟哝几句而已。这一基本事实足以说明:华夏族群的历史意识已经实实在在地认定了秦文明的真实价值,在实际中永远地奉行不悖了。

历史的荒诞,也正是在这样的时期定型了。

1. 东汉时期的"非秦"烟雾

东汉王朝在实际奉行秦文明的同时,官方意识却更为明确地指控秦文明,更为高调地颂扬三代王制,从而弥漫出一股浓郁的弦外之音:三代王制本身仍然是值得推崇的,只是王莽的复辟还不够水准而已。这种指控,再次确立了实际建政法则与文明评判价值观的荒诞割裂,是"暴秦"说弥漫为历史烟雾的根基所在。

东汉伊始,"暴秦"说终于成为官方正式立场。

《汉书·食货志》与《汉书·刑法志》,是东汉官方对历代文明框架(体制)的总体看法。在这两篇概括叙述并评判历代体制的文献中,完全可以看出"暴秦"说的新面目。这两篇文献,对华夏文明进程的总体评判是:以井田制为轴心的夏商周三代"王制"文明,是最高的理想社会状态;自春秋战国至秦帝国,则是最为不堪的沦落时代;西汉之世,始入承平昌盛。基于此等价值标准,这两篇文献的定式是:开首皆以大段篇幅描绘三代"王制"的田园诗画面,紧接着语气一转，便开始严厉指控春秋战国秦帝国的种种不堪与暴虐，之后再叙述西汉的承平国策。

唯其具有代表意义，将其对春秋战国秦帝国的指控摘引如下——

《汉书·食货志》云：

> 周室既衰，暴君污吏慢其经界，徭役横作，政令不信，上下相诈，公田不治……《春秋》讥焉！于是上贪民怨，灾害生而祸乱作。陵夷至于战国，贵诈力而贱仁谊，先富有而后礼让……及秦孝公用商君，坏井田，开阡陌，急耕战之赏，虽非古道，犹以务本之故，倾邻国而雄诸侯。然王制遂灭，僭差亡度。庶人之富者累巨万，而贫者食糟糠；有国强者兼州域，而弱者丧社稷。至于始皇，遂并天下，内兴功作，外攘夷狄，收泰半之赋，发闾左之戍。男子力耕不足粮饷，女子纺绩不足衣服。竭天下之资财以奉其政，犹未足以澹其欲也。海内愁怨，遂用溃畔。

《汉书·刑法志》云：

> 春秋之时，王道寖坏，教化不行……陵夷至于战国，韩任申子，秦用商鞅，连相坐之法，造参夷之诛，增加肉刑、大辟，有凿颠、抽胁、镬烹之刑。至于秦始皇，兼吞战国，遂毁先王之法，灭礼谊之官，专任刑罚，躬操文墨，昼断狱，夜理书，自程决事日县石之一。而奸邪并生，赭衣塞路，囹圄成市，天下愁怨，溃而叛之。

东汉官方认定"暴秦说"之外，学人官员的个人评判，也循此基准多有呈现。但是，这一时代的文明史视野已经大为弱化，官员、学者、个人，即或有局部肯定秦政的论说，也是星星点点不成气候。诸如东汉之桓谭、王充，皆有局部肯定秦政的文章，然已成为极其微弱的声音了。

2. 三国时期的"非秦"烟雾

东汉之后，华夏再度陷入了分裂割据状态。

三国时代的激烈竞争，颇有小战国气象。基于竞争本身的需要，这一时代对历史的重新认知，有了新的可能。由于《三国志》乃晋人陈寿撰写，且没有总括叙述某领域历史演进的诸"志"专类，是故，无法评判三国时代的官方历史意识。

但是，从这一时期各方实际奉行的政策体制，以及著名君主与政治家的历史评判言论，仍然可见其对秦文明的总体立场。这种评判，较之东汉松动了许多。曹操被《三国志》评曰："太祖运筹演谋，鞭挞宇内，揽申、商之法术，该韩、白之奇策……超世之杰矣！"而曹操对秦皇汉武的肯定也是明确的，其《置屯田令》云："夫定国之术，在于强兵足食。秦人以急农兼天下，孝武以屯田定西域，此先代之良式也！"

在三国大政治家中，唯有诸葛亮的秦政评判，表现出继承东汉的"非秦"老路，实际奉行，理念否定。诸葛亮《答法正书》云："……秦以无道，政苛民怨，匹夫大呼，天下土崩。"足见其忠实秉承了东汉的"非秦"意识。

3. 两晋南北朝时期的"非秦"烟雾

步入两晋南北朝时期,华夏大地纷争频仍。又逢北方诸胡族群相继占据北中国,政权不断更迭,相互攻伐不断。当此之时,中国关于文明史演进的探讨几乎趋于沉寂,玄妙清谈弥漫一时。无论是官府作为,还是官学私学,对历史文明的总体探讨及其理论总结,都几乎趋于销声匿迹。

这是一个特殊的沉沦时代。两汉时代注重文明演进探讨的历史视野,这时已经变化为注重个人体验的思辨"玄学"。在玄学清谈弥漫之时,偶然也迸发出些许文明史探究的火花。葛洪的《抱朴子·外篇·用刑》,便对秦亡原因作了探讨,认定秦并非严刑而亡,"其所以亡,岂由严刑?此为秦以严得之,非以严失之也!"其余,如做过廷尉的刘颂、做过"明法掾"(解释法令的官员)的张斐,也都曾经从论说法令演进的意义上,肯定过秦政。

当然,这些声音远非主流,几乎没有实际影响力。

4. 隋唐时期的"非秦"烟雾

进入隋代,对文明演进史的探讨又是一变。

隋虽短促,却是近三百年分裂之后再度统一中国的重要时期,是华夏族群的第五次大一统。从实际制度框架说,隋无疑继承了秦制。但是,由于此时距秦帝国已经千年之遥,且又经过了西晋之后的近三百年分裂战乱,隋对文明演进的审视,遂开始以西晋之后的历史演进为主,对两汉之前的历史已经很少涉及,对秦政得失的探究则更少了。

虽然如此，我们还是可以从基本面上看出隋代对秦文明的模糊肯定。

隋文帝杨坚注重实务，临死之遗诏，开首便是："嗟乎！自昔晋室播迁，天下丧乱，四海不一，以至周齐，战争相寻，年将三百。"遗诏最后云："自古哲王，因人作法，前帝后帝，沿革随时。律令格式，或有不便于事者，宜依前敕修改，务当政要。"显然，隋对秦文明所体现的变法精神尚是肯定的。

唐代情形，又是一变。

唐变之要，是从隋不甚清晰坚实的历史评判中摆脱出来，再度开始大规模总结文明演进史。结局是，唐又重新回到了东汉轨迹。唐人魏徵主修的《隋书》，实则是唐政权的历史目光，而不是隋政权的历史目光。《隋书》的《食货志》《刑法志》《百官志》等综合篇章，在对特定领域的总括性叙述中，均对秦文明作出了复归东汉传统的评判。

《隋书·食货志》云：

> 秦氏起自西戎，力正天下，驱之以刑罚，弃之以仁恩；以太半之收，长城绝于地脉；以头会之敛，屯戍穷于岭外。

《隋书·刑法志》云：

> 秦氏僻自西戎，初平区夏，于时投戈弃甲，仰恩祈惠，乃落严霜于政教，挥流电于邦国；弃灰偶语，生愁怨于前，毒网

凝科，害肌肤于后；玄钺肆于朝市，赭服飘于路衢；将间有一剑之哀，茅焦请列星之数。

《隋书·百官志》云：

秦始皇废先王之典，焚百家之言，创立朝仪；事不师古，始罢封侯之制，立郡县之官；太尉主五兵，丞相总百揆，又置御史大夫以贰于相。自余众职，各有司存。汉高祖除暴宁乱，轻刑约法，而职官之制，因于嬴氏。

如果说，《隋书》诸志的总括性叙述，代表了唐政权的官方评判，那么，唐太宗在《贞观政要》中的理念，则是更为直接的建政施政态度。《贞观政要·君臣鉴戒》云："朕闻周秦初得天下，其事不异。然周则唯善是务，积功累德，所以能保八百之基。秦乃恣其奢淫，好行刑罚，不过二世而灭。"其《务农》篇云："昔秦皇汉武，外则多穷极兵戈，内则崇侈宫室，人力既竭，祸难遂兴。彼岂不欲安人乎？失所以安人之道也！"

当然，唐代也有基于现实政治而对秦政秦法持具体肯定者，但已经远非主流了。同一个魏徵，在答唐太宗对商鞅法治的责难时，论说便是相对肯定的："商鞅、韩非、申不害等，以战国纵横，间谍交错，祸乱易起，谲诈难防，务深法峻刑以遏其患。所以权救于当时，固非致化之通轨。"（《魏郑公谏录》卷三）

在整个唐代的历史意识中，只有柳宗元对秦文明作出了"政与"制"的区分,指出了秦帝国"失在于政,不在于制"。其《封建论》云:"秦有天下……不数载而天下大坏,其有由矣!亟役万人,暴其威刑,竭其货贿;负锄梃谪戍之徒,圜视而合从,大呼而成群;时则有叛人而无叛吏,人怨于下而吏畏于上,天下相合,杀守劫令而并起。咎在人怨,非郡邑之制失也……酷刑苦役,而万人侧目。失在于政,不在于制。秦事然也!"

将文明体制框架与具体的施政作为区别开来,这是自两汉以来最有见地的文明演进史观念。这一观念,在某种意义上合理解释了对秦文明的实际继承与理念否定这一巨大割裂现象——实际继承对"秦制",理念否定对"秦政"。虽然,柳宗元的评判,依旧远远不是主流历史意识,虽然,柳宗元的"秦制"几乎只是单纯地指郡县制,而并非包容了秦文明的所有基本方面,但是,就其历史意识的出新而言,依然是不容忽视的。

5. 宋代的"非秦"烟雾

唐之后,华夏又陷入了几近百年的分裂割据。

五代十国是一个历史意识严重萎缩的时期。大器局的文明视野与民族进取精神,从这个时期开始严重衰退了。政变频频交错,政权反复更迭,邦国林立,各求自安。这一时代除了诸多的佛教事件与闪烁的诗词现象,几乎没有文明史意义上的重大事件,对中国文明史的探究自然也难觅踪迹。

宋王朝统一中国之后,立即陷入了连番外患与诸多内忧之中,对既往历史的审视,已经大为乏力了。《宋史》乃元代主修,其概括性的诸"志"综述，已经根本不提秦文明了。当然，我们不能将《宋史》的综合叙述，看作宋代的官方历史意识。宋代的历史意识，我们只有到其学派思潮与主要人物的言论中去寻找。宋代儒学大起，生发出号为"理学"的新潮儒学。理学的历史意识，自然是以儒家的历史价值观为根基的。

从宋代开始，一种新的历史烟雾开始生成。

宋代学人审视历史，必引孔孟言论以为权威。大量的先秦诸子典籍，在这个时期被一体性地漠视了，以致连墨子这样的大家，其论著也湮灭难见，沦入到道家典籍中隐身了。直到近代，墨子才被孙诒让、梁启超等人发掘出来，重新获得重视。最为实际的改革家王安石，尚且言必引孔孟为据，对制度沿革的论说，则多以五代十国的兴亡为依据。其余人物之论述，则更可以想见了。

以修《资治通鉴》闻名的司马光，其历史意识更是明确贬斥秦文明。凡见诸《资治通鉴》的"臣光曰"，很少对秦政秦制作认真的总体性评判，而对秦政秦制的具体"罪行"指控，则屡见不鲜。"二程"、朱熹等儒家大师，指控秦文明更是司空见惯了。作为治学，他们对秦政的探究是很认真的。譬如朱熹，对商鞅变法之"废井田，开阡陌"作出了新解："开"非开垦之开，而是开禁之开；开阡陌，便是开土地国有制不准买卖之禁，从此"民得买卖"土地。然则，这种具体的学问功夫，并不意味着文明历史意识的深化与开阔。

总体上说，宋代对秦文明及其母体时代的评判，是遗忘溶于淡漠之中——既很少提及，又一概贬斥。

6. 元明清三代的"非秦"烟雾

元明清三代，对秦文明的评判，已经板结为冰冷的硬体了。

元人修《宋史》，明人修《元史》，清人修《明史》。

这三史，对包括秦帝国及先秦时代的评判，都呈现为一个定式：先极为概括地简说夏商周三代，而后立即接叙距离自己最近的前朝兴亡；对春秋战国秦帝国三大时代，基本略去不提。这种现象，我们可以称之为"遗忘定式"。

但是，遗忘绝不意味着肯定，恰恰是偏见已经板结为坚深谬误的表征。

元明清三代，非但官方历史意识断然以"暴秦"为总括性评价，即或被后世视为进步思想家的学子，也同样断然"非秦"。也就是说，自宋开始的千余年之间，对秦文明的评判已经积淀成一种不需要探究的真理式结论。

耶律楚材有诗论秦："……焚书嫌孔孟，峻法用高斯。政出人思乱，身亡国亦随。阿房修象魏，徐福觅灵芝。偶语真虚禁，长城信谩为。只知秦失鹿，不觉楚亡骓。约法三章日，恩垂四百基……"

海瑞云："欲天下治安，必行井田……尚可存古人遗意。"

丘濬云："秦世惨刻。"

黄宗羲云："秦变封建而为郡县，以郡县得私于我也！"

王夫之云："郡县者，非天子之利也，国祚所以不长也。……呜呼！秦以私天下之心而罢侯置守，而天假其私以行大公，存乎神者之不测，有如是夫！……秦之所以获罪于万世者，私己而已矣！"

顾炎武云："秦之亡，不封建亡，封建亦亡……封建之失，其专在下；郡县之失，其专在上……尽四海之内为我郡县，犹不足也！"

凡此等等论说，其中即或有个别特殊者对秦文明作局部肯定，也只是荧荧之光了。加之话本、戏剧等民间艺术形式的渲染弥散，"暴秦"论遂大肆流播。千年流波之下，虽不能说人人信奉，大体也是十之八九论秦，皆斥之以"暴"字了事。

就此，国人的历史意识与文明视野，沦入了最简单化的冻结境地。

7. 近代史以来文明史评判的艰难微光

从1840年开始，中国在人类高端文明的入口处，遭遇了巨大的历史冲击。

这一冲击历时百余年。几经亡国灭种的劫难，中国民族的历史意识终于开始了艰难的觉醒。自觉地，不自觉地，华夏族群开始了连绵不断的文明历史反思。民族何以屡弱？国家何以贫穷？老路何以不能再走？新路究竟指向何方？凡此等等关乎民族兴亡的思索，都在"救亡图存"这一严酷背景下蓬蓬勃勃地燃烧起来。

于是，有了戊戌变法对中国现实出路的尝试；

于是，有了辛亥革命对中国现实命运的设计；

于是，有了五四运动对中国传统文明的反思；

于是，有了马克思主义传入中国后新文化运动的文明反思。

当我们这个民族终于自立于世界民族之林的时候，我们又开始了大规模的意识形态重建，开始了借助于高端文明时代的科学思维方式，对我们民族的文明史重新审视的历史过程。从一个民族开拓文明史进程的意义上说，我们这个民族的伟大智慧，并没有被历史的烟尘所窒息。我们坚韧努力的脚步，体现着我们民族再生与复兴的伟大心愿，也体现着我们民族文明历史意识的觉醒。

曙光显现了，坦途似乎就在眼前。

但是，我们陷入了历史烟雾的迷魂阵，走过的弯路太多了。戊戌变法，企图以浅层的"君主立宪"变革，引领中国走入高端文明时代，我们失败了。辛亥革命，企图以仿效西方革命的"推翻式"为手段，引领中国走入高端文明时代，我们也失败了。五四运动与新文化运动，企图以相对简单的"打倒"方式，清理总结我们的文明史。我们并没有获得预期的成功。

请注意，这纷繁变幻的革命与运动，都伴随着对中国历史传统的评判。

遗憾的是，急迫的救亡图存，都使这种历史烟雾的清理急匆匆浅尝辄止。

马克思主义传入中国，其所导致的社会大变革，使我们这个民族实实在在地站了起来。但是，我们的意识形态重建，却因为过于强烈的政治企图，而以不同形式重蹈了五四运动的简单化。最终也被实践证明，我们犯过历史性的错误。

在我们的生存生计成为最迫切问题的历史关头，我们这个民族以最大的智慧，停止了无休止的论争，从纷杂折腾中摆脱出来，全副身心地投入到了民族富强的努力之中。历史证明，我们的伟大智慧挽救了民族，挽救了国家，给我们这个民族在最艰难的历史时刻开启了真正复兴的希望。

但是，被我们搁置的问题，并不因为搁置而消失。

一个民族的文明发展历史，有着必然的逻辑：要在发展中保持悠长的生命力与饱满的生命状态，就必须有坚实的文明根基；这种文明根基的坚实程度，既取决于民族文明的丰厚性，更取决于一个时代基于历史意识而确立的继承原则。我们可以因为最紧迫问题所必需的社会精神集中，而暂时中止大规模的文明文化论争，诚如战国名士鲁仲连所言："白刃交前，不救流矢。"

然则，我们不能忘记，在获得必要的社会条件之后，对文明历史的认真探究，依然是一个民族必需的文明再生的历史环节。我们所需要避免的，只是不能重蹈将文明审视一定等同于某一实际目标的简单化。也就是说，任何时候，一个民族对自己文明历史的审视，都不应该成为任何实际目标的手段。

这一探究与审视，本身有其伟大的意义：理清我们的历史传统，寻求我们的精神根基，树立我们的民族精神，并使这些我们文明根基的基本面获得普遍的社会认知，使我们民族的复兴与发展，有着久远的、清晰的、坚定的信念。

这是我们审视中国原生文明的根基所在。

认知中国原生文明的基本理念

对中国历史的审视，聚讼最烈而误解最深者，是对中国原生文明的认知。

任何一个民族，都有自己的原生文明生成期。原生文明，是一个民族的精神根基。一个国家、一个民族，在她由涓涓细流汇成澎湃江河的历史中，必然有一段沉淀、凝聚、升华、成熟的枢纽期。这个时期所形成的文明与传统，如同一个人的生命基因，将永远以各种各样的方式影响或决定一个人的生命轨迹。这种如同生命基因一样的民族传统，便是一个民族的原生文明。各个民族对其原生文明的深刻反思，从来都是各个民族在各个时代发挥创造力的精神资源宝库。

原生文明是民族精神的坚实根基，是高端文明的永恒基因。

中国的原生文明成就期，是春秋战国秦帝国三大时代。

春秋生发。战国绽放。秦帝国，则以华夏族群五百余年的激荡大争所共同锤炼的文明成果为根基，对这一时代的种种社会文明形式，进行了系统的梳理总结，大规模地创建了我们民族适应且领先于铁器时代的新文明形态——中国统一文明。

从此，我们这个十里不同俗、隔山不同音的博散族群，开始有了统一的文字，有了统一的生产方式，有了种种具有最大共同性的生活方式，有了统一稳定的国家形式。具体文明形式的聚合一统，形成了我们民族的整体生存方式，形成了我们民族的整体文明，形成了我们独有的历史传统。从总体上说，中国的原生文明时代，是我们这个民族文明智慧的大爆炸时代，其时代精神强毅坚刚，其生命状态惕厉奋发，其创造智慧博大深远，其文明业绩震古烁今。唯其如此，原生文明时代是我们民族的文明圣土。我们有最充足的理由，对那个时代保持最高的敬意。

这既是一个伟大民族的文明认知力,也是一个伟大民族的文明良知。

可是,由于种种我们说到或没有说到的历史原因,我们的历史意识对我们的原生文明时代产生了普遍而深重的误解。我们无须怨天尤人,那是对我们这个伟大民族的失望。我们无须以批判清算的简单方式了结历史,那是对我们这个伟大民族历史智慧的亵渎。事已如此,任何固执,任何褊狭,任何自卑,任何狂躁,都无助于我们的文明脚步。我们应当客观,应当冷静,应该耐心,应该细致,应该有胸襟,应该有能力。非如此,不能勘透我们的文明历史,不能找到内核所在。

审视中国原生文明的基本点之一,是对三大时代的总体认知。

从整体上否定一个时代,自然不可能对这个时代的文明创造作出肯定性评价。

两千余年来,对中国原生文明时代的总体评判,一直存在着巨大的争议。渐渐成为主流的历史意识认为:那是一个崇尚谲诈与阴谋的暴力时代,是王化败坏道德沦落的时代,是只有赤裸裸利益争夺、仁义道德荡然无存的时代。唯其如此,那个时代的君王是骄奢淫逸的罪魁祸首,士人是追逐功名利禄而毫无节操之徒,民众则是世风大坏,利欲熏心,争夺不休。人际交往充满着背信弃义,庙堂官场充斥着权谋倾轧,邦国战争弥漫着血腥杀戮。一言以蔽之,那是一个恐怖的时代,一个令人不堪的时代。

翻开史书,此类评判比比皆是,其用语之怨毒,其渲染之浓烈,让人心惊肉跳。

另一种始终不占据主流位置的历史意识，则持相反观念：那是一个"求变图存"的时代，是一个五千年历史中最富"巨变"的时代，是一个朴实高贵的时代，是一个创造新政新制的时代，是一个圣贤迭出原典林立的时代，是一个"士"阶层拥有最独立自由人格的时代。是故，从三国时代开始，便有了极为稀缺的"书不读秦汉以下"的先秦崇拜说——虽然远非主流，却成为我族一种珍视原生文明的精神根基。

与后人的两种历史评判相对比，身处该三大时代的"时人"，对自己的时代有着特殊清醒的评判。代表着社会普遍心声的《诗经》，对这个时代的描绘，多有这样的句子：礼崩乐坏，瓦釜雷鸣；高岸为谷，深谷为陵；烨烨雷电，不宁不令；山陵卒崩，百川沸腾；等等等等，不一而足。名士学子的评价，最具代表性的有两则，一则是《晏子春秋》对春秋时期社会精神的描述："凡有血气者，皆有争心。"一则是韩非子对战国风貌的大概括："大争之世，多事之时。"在百家争鸣蓬勃共生的诸子百家中，对自己所处时代持总体否定的评判者，不能说没有，实在是极少。最典型者，大约只能说是孔子及其所创立的儒家，对那时的"礼崩乐坏"持有极其悲观的看法。

总体上说，当时的社会意识对自己的时代，已经有了清醒的认知——这个时代一边是沦落，一边是崛起，有腐朽没落的阴暗，更有进取创新的光明。其主导潮流，无疑是雷电烨烨的大创造精神。

客观地说，任何一个时代，都有足以构成普遍性问题的具体弊端。原生文明时代，也同样有种种社会弊端。有巨大的贫富差别，有深重的社会灾难，有民众的饥饿，有官吏的腐败，有难以计数的阴谋，有连绵不断的战争……举凡社会基本问题，在哪个时代都有。但是，我们不仅应该看到原生文明时代存在的问题与灾难，更应该看到当时社会解决这些危机的正面经验——以深刻的社会变革解决问题，而不是畏惧改革，回避问题，更不是维护既得利益集团。

若仅仅注重具体的阴暗与苦难，从而以此等阴暗否定一个变革创造的时代，应该说，这不是文明历史的评判视野。作为一种文明审视所应具有的历史意识，我们应该看到的基本方面是：这个时代的总体生存方式、总体生命状态及其独有的创造力，这个时代解决种种社会矛盾的基本方式是否具有进步性，其创造的文明成果是否经得起历史的验证，是否足以构成一个民族的精神根基。舍此，孜孜于种种具体阴暗的搜求罗列，我们将完全可能导向历史虚无主义，悲剧性地否定整个人类历史开掘创造的存在意义。无论如何，这是不可取的方向。

审视中国原生文明的基本点之二，是对秦统一文明的认知。

这是当代史学界生发的新问题：秦文明是落后文明，还是先进文明？

这是一个典型的历史价值观问题，也是一个当代历史意识涌现出的新的基本问题。多有史家与学人之论著认为：秦统一中国，是"落后文明征服先进文明"的一个例证。这一认识包含的基本价值观是：秦文明是落后文明，而当时的山东六国是先进文明。

进入21世纪后，这种评判仍然出现在历史学界。这个命题的内涵具有诸多混乱，实在是一个堪称"臆断"的评判。然则，因为这一评判牵涉出对原生文明审视的一系列基本事实的认定,故而在事实上成为最基本的问题。

这个问题的实质,是对秦文明历史性质的认定,其牵涉的基本方面有三则:

一则,何谓秦文明?

引起两千余年争论不休的秦文明,究竟是指商鞅变法之前的早秦文明?还是指商鞅变法之后的新秦文明?若指前者,落后无疑。然在事实上,早秦文明绝非后人争论的秦文明,大约也不会是此等理念持有者所谓的秦文明。若指后者,则显然有违历史事实——在历代评判言论中,没有人将早秦文明作为否定对象,而只明确地否定战国秦文明与帝国秦文明。同时,也有违高端文明时代的普遍共识——当代历史认知中的秦文明,没有人理解为早秦文明。

这里的混乱是:说者将商鞅变法之前的秦文明,与商鞅变法之后的秦文明不作区分,囫囵式地以秦人族群发源地为根基,将早秦文明看作战国秦文明与帝国秦文明,并一体认定为落后文明。

我们需要强调的一个基本认知是:凡是涉及秦文明评判的历史论著或民间认定,人们所说的秦文明,一定是变法之后的战国秦文明与一统华夏后的帝国秦文明,而不是早秦文明。若将这两个时期的秦文明都看作"落后文明",而将这两个时期的山东六国文明看作"先进文明",那就是明白无误地脱离了高端文明时代的基本历史价值观,就不是这里要澄清的问题了。

二则,秦人族群起源。

这个问题之所以基本,在于它是秦为"落后文明"这一论断的根基。秦人究竟起源于东方华夏，还是本来就是西方戎狄？在当代中国民族史学界有争论，在当代历史学界也有争论。然则，在此前的中国历史上却大不相同：隋唐之前基本无争论，隋唐时期始有"秦人起自西戎"说出现。从问题本身说，《史记》明确记载了秦人族群的起源与迁徙，明确认定：秦人是大禹时代的主要治水部族之一，始祖首领是大业、大费（一说伯益）；商灭夏的鸣条之战，商人与秦人结盟，秦人尚是参战主力之一；殷商中后期，秦部族成为镇守西陲的军旅部族，蜚廉、恶来是其首领；西周之世，秦人不愿臣服周室，流落西部戎狄区域，后渐渐归附臣服于周；西周末期的镐京之乱，周平王敦请秦人勤王救周，秦始成为东周的开国诸侯。认真分析史料，秦人族群的历史足迹并不混乱，司马迁的记载很清楚，甚或连秦族的分支演变都大体一一列出了。

春秋之世，秦国尚不强大，故以"蛮夷"指斥秦国者不是没有，然实在极少。即或有，也并非起源确指之意，而仅仅表示一种轻蔑。战国之世，秦国在变法之后强大，指斥秦人为"蛮夷"者遂骤然增多。然就其实质论，如同"虎狼说"一样，都是泄愤骂辞，而非认真确指。

在中国历史上，此等基于邦国族群仇恨而生出的相互攻讦现象多多。最早者，便有周族骂商族为"戎殷""蠢戎"；春秋战国时，中原诸侯则骂楚为"荆蛮"，秦为"戎狄"；其后的南北朝人，又相互骂为"北虏""岛夷"；等等。若以此等言辞作为族群起源之评判依据，孰非偏执哉！

唯其如此，西汉之世为秦立史，秦人的起源与迁徙历史，根本不是疑点。司马迁作史的原则是"信则存信，疑则存疑"。对一个西汉持否定评判的先代族群，若有如此重大的"非我族类"的事实，岂能不如实记载？姑且不说事实，即或是疑点，司马迁也必会如实记载下"人或曰"之类的话语，以期引起人们注意。然而《史记》中却从未见此等迹象。显然，秦人是否中原族群，直至西汉并无大的争论。其后直至隋代，也没有大的争论。

秦人族群被"认定"为西部戎狄，仅仅是起自唐代。如前所引，《隋书》中方有"秦人起自西戎"之说。分析历史，这显然是唐人的政治需要：以秦族起源类比于起自北周胡族的隋，影射隋之短命如秦而已。此历史恶习也，并无基于事实的公正探究立场，不当为凭。

秦族起源问题之争论，恰恰是在当代滥觞了。历史学家蒙文通于20世纪30年代提出"秦人戎狄"说，并以《秦为戎族考》论证，推定秦族群与骊山戎皆为"犬戎"。之后，随即出现了"秦人东来"说，以卫聚贤的《中国民族的来源》（1937年）、黄文弼的《嬴秦为东方民族考》（1945年）为代表，认定秦人为中原族群。后一论说，自不待言。以蒙氏"秦人戎狄"说而论，实则是依据史书中种种零星言论推演而成。这种推演，曾被近年故去的著名秦史专家马非百先生批评为："蒙氏以此为据，殊属偏执。"

作为学术研究，学人持何观点，原本无可厚非。

我们要说的是：原本不是问题的秦人族群起源，何以突然竟成了问题？仅仅是那些上古史书中星星点点的攻讦言论起作用么？果真如此，《史记》中对楚族也有"荆蛮""南蛮"之说，更有"非我族类，其心必异"的攻讦。如何楚人起源不成其为问题，从来没有引起过大规模的争论？当"落后文明"说与"秦为戎狄"说联结起来的时候，我们历史意识中潜藏的一种既定东西才彰显出来："落后文明"说以"秦为戎狄"说为依据，"秦为戎狄"说则为"落后文明"说寻找族群根基。虽然，"秦为戎狄"说与"落后文明"说都并未成为普遍认知，但多有学者在高端文明时代依然重复并维护一个古老的荒谬定式，足见我们这个民族对文明历史的审视，是多么艰难！

三则，秦部族果真西戎部族，又当如何？

在高端文明时代，将族群起源地看作判定文明先进或落后的根据，未免太过堕入西方史学的旧定式了。西方历史意识曾以罗马征服希腊为例证，生发出一种理念：落后文明征服先进文明，在历史上多有发生。就罗马与希腊而言，当时的罗马族群是落后文明无疑，罗马征服希腊也是纯粹的武力吞并，体现了"落后文明征服先进文明"的典型方式。然则，将这一理念延伸为某种定式，认为一个特定族群的早期状态便是其永久的文明定性依据，显然是荒诞的。由此而将秦文明与征服希腊的落后罗马文明等同，同样是荒诞的。

高端文明时代应当具有的历史价值观是：无论秦人是否戎狄，都不能因此而否认秦国在深彻变法之后，在两次文明大创造后形成新文明形态的历史事实。战国秦创造出了战时法治国家的新文明形态，灭六国之后秦更创造出了新的大一统国家的文明形态。这一历史事实说明：就基于文明内涵的历史定性而言，一个民族的文明先进与否，与其族群发源地及早期状态并无必然性关系。在文明史评判的意义上,族群发源地完全可以忽略不计。若认定族群早期落后,其文明便必然永远落后,秦人即或全面变法移风易俗自我更新国家强大,依旧还是落后文明,果真如此,岂非制造出一种荒谬绝伦的"历史血统论"——民族生成永久地决定其文明性质!

诚如此,历史的发展何在,民族的奋进有何价值?

从高端文明时代应当具有的文明视野出发,这一观念已经为诸多先秦史及秦汉史研究家所抛弃了。然则,它依然是一种堂堂见诸多种论著的流行理念。最基本的文明性质判定,本来是高端文明时代审视原生文明时代最应该获得普遍认知的第一问题。实则恰恰不然,我们这个高端文明时代依然存在着"秦为落后文明,山东六国为先进文明"的认定。历史学界尚且如此,遑论民众之普遍认知了。

走出暴秦说误区:秦帝国徭役赋税历史解析

认定秦帝国为"暴秦",基本论据之一是徭役赋税指控。

及至当代,即或是对秦文明功绩整体肯定的史家,对秦政的经济"暴虐"也是明确指斥并多方论证的。历史上几乎所有指控"暴秦"的言论——包括被西汉时期抛弃了的秦末历史谎言都被当代史学家一一翻了出来,悉数作为指控依据。其中最基础的根基之一,便是对秦帝国以徭役赋税为轴心的经济政策的指控。

赋税徭役之作为问题提出,乃西汉董仲舒发端。在中国历史上,董仲舒第一个以数量表述的方式,认定了秦帝国的赋税率与徭役征发率，遂成为日后所有"暴秦"论者的最重要依据。在我所能见到的无数典籍资料中，都是原文引用董仲舒，而后立即认定"暴秦"，缺乏任何中间分析。也就是说，将董仲舒之说当作真理式史料给予信奉。这种武断方式，几乎成为涉秦论说的一种"八股"，有失高端文明时代应有的史论水准。依据当代经济理念分析董仲舒之说，而后给予评判者，未尝见之也。

董仲舒的数量表述，主要是三组对比数字。第一组：古代为什一税，秦时佣耕豪田为什五税；第二组，秦人口赋与盐铁之利，二十倍于古；第三组，古代徭役一年三日，秦之"力役"则三十倍于古。我们且以当代经济理念结合历史事实分析董仲舒说，而后评判其能否立足。

第一，田税率的历史解析。

什一税，是说田税率为十分之一。

这一税率，是夏商周三代较为普遍的贡赋制背景下对民众的税率。诸侯及附属国对天子的"贡"，不是税，自然也不涉及税率。自春秋时期开始，什一税事实上已经被大大突破了。突破的根本原因，不是普遍的暴政，而是生产力的发展与税源的拓宽，是社会经济大发展的合理结果。及至战国时期，由于铁制农具使用，可耕地大量开垦，农作物产量大幅提高，生产力与整个社会经济水平都有了极大发展。此时，税率的大幅提高已经成为各大战国的普遍事实，绝非秦国一家。

据《中国赋税史》《中国财政史》《中国民政史》等综合研究统计：战国初期之魏国，百亩土地的正常年产量是一百五十石，丰年产量是三百石到六百石；折合亩产，则是每亩产量一石半至六石。《管子》则云："高田十石，间田五石，庸田三石。"《管子》所云，当为春秋时期的齐国。也就是说，当时齐国的最高亩产可以达到每亩十石。以吴承洛先生之《中国度量衡史》，战国之"石"与"斛"接近，大体一百二十斤，每斤约合当代市斤六两到八两之间。依此大体推算，当时的亩产量最高可达当代重量的五六百斤至八九百斤之间！

这一生产力水平，在整个自然经济时代，一直没有实质性突破。同样依据上述三史，秦帝国时期中国垦田大体已达到八百二十七万顷。由于人口的不确定，我们不能确知当时的人均耕地数字。但是，每人占有耕地至少在数十亩至百亩之间无疑，大大超出今日数量。如此历史条件下，战国与秦帝国时期的经济总量已经远远超过夏商周三代，其税率的提高无疑是必然的。

然则，秦帝国时代的田税率究竟有多高，没有帝国原典史料可查。董仲舒的数字，也没有明确指认自己的史料依据。董列出的田税率是"或耕豪民之田，见税什五"。

依据当代经济理念分析，董仲舒的这个数字不是国家"税率"，而是佣耕户的地租率。其实际所指，是如陈胜那般"耕豪民之田"的佣耕者，向豪民地主交出一半的收成。董仲舒显然不懂经济，将地租率硬说成国家税率，使秦帝国时代的田税率猛然提升到十分之五的大比例。有意还是无意，已经不重要了。重要的是，后世将这一典型外行的指控当成了历史事实，当成了真理性质的史料依据。

就历史事实而论，交租之后的经济逻辑是：国家以地亩数量征收田税，只向地主征收，不针对佣耕者征税。其所以不针对佣耕者，有两个原因：其一，佣耕者耕的是地主的土地，佣耕者不是地主；其二，佣耕者是流动的，若以佣耕者为基数征税，固然可以避免历代都大为头疼的"漏田"现象，然在事实上却极难操作。

所以，佣耕者向地主缴租，国家再从地主之手以登记核定的田数征税，是从战国时代开始，一直延续两千余年的田税法则。唯其如此，此后的经济逻辑很清楚：佣耕者的一半产量中，必然包括了地主应该缴纳的田税；而地主不可能将粮食全部交税，而没有了自家的存储；是故，秦帝国的田税只能比"什五税"低，而不可能高。最大的可能是，国家与地主平分，也征收地主田租的一半为田税。如此，则田税率为十分之二点五。即或再高，充其量也只是十分之三。因为，秦帝国不可能将自己的社会根基阶层搜刮净尽。

第二，人口盐铁税率的历史解析。

人头税乃春秋战国生发，夏商周三代本来就没有。

说它"二十倍于古"，没有任何依据，也没有任何可比意义。人头税之轻重，只能以当时民众的承受程度为评判标准。而史料所记载的人口税指控，除了秦末历史谎言的"头会箕敛"的夸张形容，再无踪迹可循。

所谓盐铁之利，在"九贡九赋"的夏商周三代也基本没有，至少没有铁。即或有盐利，肯定也极低。因为，三代盐业很不发达，不可能征收重税。故此，说秦时盐铁之利二十倍于古，无论是就实际收入的绝对数量而言，还是就税率而言，都没有任何可比意义。

若董仲舒的"二十倍于古"泛指整个商业税，则更见荒诞。

战国至秦帝国时期的商业大为发达,七大战国皆有商业大都会。齐市临淄、魏市大梁、秦市咸阳、楚市陈城、赵市邯郸、燕市蓟城、韩市新郑。七大都会之外,七国尚各有发达的地域性大商市,如齐东即墨、魏北安邑、楚东南之江东吴越、秦西南之蜀中、赵北之胡市等。其时之市场规模与关市收入,远远超出夏商周三代何止百倍,说商业税"二十倍于古",只怕还估摸得低了。基本的原因是,夏商周三代的民众自由商事活动规模很小,而国家"官市"又多有限制且规模固定。总体上说,三代商市根本无法与《史记·货殖列传》所记载的战国秦时代的蓬勃商市可比。所以,商业税之比同样没有意义。

第三,徭役征发的历史解析。

以董之说,夏商周三代之"一年三日徭役"为基数,三十倍于古,是九十日。

董仲舒列举了这九十日的大体构成:

其一,"月为更卒",每年要有一个月给县里做工。

其二,"复为正一岁",给郡里每年也要做工。按照历代史家的注释,这里的"一岁"不是一次性出工一年,而是一人一生总计服"郡徭役"一年,每年分摊出工。

其三,"屯戍一岁",每人一生中要给国家一次性地守边一年。

对董仲舒的分项说法,《史记》注解引颜师古之说,替董仲舒解释云:"率计,今人一岁之中,屯戍及力役之事三十倍多于古也!"所谓率计,是大体计算之意。显然,这一归纳没有说明一个男丁一年中究竟有多长时段的徭役,而只依据大体计算而笼统指斥"三十倍多于古也"，有失武断过甚。

以董仲舒之说，一个男丁在一生中究竟要分摊多少徭役？

站在董仲舒立场，可以有四种计算方法：

其一，若以"能劳"为准，将一个男丁的徭役期限假设在二十岁至五十岁之间（二十岁加冠，五十岁称老），其有效劳役的基数时间为三十年；则三项徭役合计总量为五十四个月，具体均摊出工，则《史记》所云之"率计"，只有月余。

其二，若以六十岁一生为基数，则徭役总量为八十四个月，分而摊之，"率计"仍然只有月余。

其三，以六十岁一生为基数，以三十年"能劳"期为有效徭役征发时段，在三十年内服完八十四个月徭役，则"率计"两月余，还是不到三个月，仍然不到"三十倍于古"的九十日。

其四，只有以八十岁一生为基数，徭役总量为一百零四个月，以三十年精壮期服完徭役，其"率计"才可能超过三个月，实现董仲舒"三十倍于古"的宏大设想。然则，一个自然经济时代的政权，设定以男人八十岁寿命而规定徭役，现实么？可能么？只怕董仲舒自己都要脸红了。

笼统指斥其"三十倍于古"，既夸大事实，也毫无实际意义。

即或不与董仲舒认真计较，以第三种方法计，在实际中也远非那么不堪重负。国家征发徭役，只要不疯狂到自断生计，大体皆在每年农闲征发，而不可能在农忙时期征发。那个时代的实际农闲时间，每年无论如何都在三个月之上。历史的事实是，每年月余的徭役，在战国时代不足论；即或接近三个月，也不可能达到严重威胁民众生存的地步。

秦帝国是一个大规模建设的时代。

精壮男子每人每年服徭役一月余，或两月余，客观地说，远在社会容忍底线之中。以秦帝国刻石所言，民众在秦始皇时期是大为欢悦地迎接太平盛世的。即或我们将刻石文辞缩水理解，至少也是没有反抗心理的。其基本原因，帝国工程的绝大多数都是利国利民的。疏通川防、开拓道路、抵御匈奴、南进闽粤、大兴水利、销毁兵器、迁徙人口填充边地等。除了搬迁重建六国宫殿、修建骊山陵、有未修建完工嫌疑的阿房宫，秦始皇时期没有其他值得指控的大工程。以战国民众在大争之世所锤炼出的理解力，是会敏锐体察出恶政与善政之区别的。

只是到了秦二世时期，才因骊山陵的大规模建造而偏离社会建设轨迹，使工程徭役具有了奢靡特质。如此大背景下，才有了陈胜、吴广因"失期皆斩"面临生死抉择，而不能容忍，以致举事反秦的社会心理动因。这与秦政的本来面目与总体状况并非一事。以文明历史的评判意识，不当以胡亥赵高的昏聩暴虐，取代整个帝国时期，更不能以此取代整个原生文明时代。

必须申明：举凡历史上的强盛时代或富裕国家，其税率与征发率必然相对高；举凡历史上的不发达时代，或大贫困大萧条时代及贫穷国家，其税率与征发率必然很低或极低。直至当代，依然如此。秦帝国正是前一种时代，前一种国家。

秦帝国的税率与徭役征发"年率"虽相对高，但却是建立在自觉的大力发展生产力基础上的，其性质绝非是对贫瘠的掠夺，而是在高度生产力水平上积聚社会财富，为社会进行大规模的建设。

其后，秦末大动乱中复辟势力大破坏，将秦帝国无比丰厚的建设成果悉数摧毁。史书云："民失作业，而大饥馑。凡米石五千，人相食，死者过半。高祖乃令民得卖子，就食蜀汉。天下既定，民无盖臧，自天子不能具醇驷，而将相或乘牛车。"在此等经济大萧条、社会大贫困下，西汉即或实行了"什五税一"甚或"三十税一"，达到十五分之一与三十分之一的极低税率，其穷困状况仍然惨不忍睹。汉文帝时期，贾谊的《论积贮疏》犹云："汉之为汉，几四十年矣！公私之积，犹可哀痛。失时不雨，民且狼顾；岁恶不入，请卖爵子。既闻耳矣，安有为天下阽危者若是，而上不惊者！"

这一基本的历史现象，给我们的历史意识提出了一连串的尖锐问题。

大贫困大萧条时代的低税率低征发，与大发展大兴盛时代的高税率高征发之间，我们究竟应当如何评判？假如要我们选择，我们选择什么？贫困的低税率低征发，果真是"仁政"么？富有的高税率高征发，果然是"暴政"么？此等对比之法，果真有实质意义么？果真能说明问题么？果真值得作为最重要的依据去评判文明史么？

两千余年来，我们一直在指控强盛的秦帝国时代的高税率与高征发，我们一直在赞颂生产力低下时代与大贫困时代的"轻徭薄赋"，这符合历史演进的本质法则么？符合社会经济发展的逻辑么？这种历史意识延伸于当代现实，我们已经面临过无数次尴尬，莫非要依然继续下去么？

走出暴秦说误区：秦帝国法治状况历史解析

秦法酷烈，历来是暴秦说的又一基本论据。

这一立论主要有五则论据：其一，秦法繁细，法律条目太多；其二，秦法刑种多，比古代大为增加；其三，秦法刑罚过重，酷刑过多；其四，秦时代罪犯多得惊人；其五，秦法专任酷吏，残苛百姓。举凡历代指控秦法，无论语词如何翻新，论据无出这五种之外。认真分析，这五则论据每则都很难成立，有的则反证了秦法的进步。譬如，将"凡事皆有法式"的体系性立法看作缺陷，主张法律简单化，本身就是"蓬间雀"式的指责。

而这些对帝国法治的指控都有一个先天缺陷。这个先天缺陷是，说者皆无事实指正（引用秦法条文或判例）或基本的数字论证，而只有尽情地大而无当地怨毒咒骂。罗列代表性论证，情形大体是：第一则论据，西汉晁错谓之"法令烦憯"，但并未言明秦法法条究竟几多，亦未言明究竟如何烦乱惨痛，而只是宣泄自己的厌恶心绪。第二、第三则论据，除《汉书·刑法志》稍有列举云"秦用商鞅，连相坐之法，造参夷之诛，增加肉刑、大辟，有凿颠、抽胁、镬烹之刑"外，其余尽是"贪狼为俗""刑罚暴酷，轻绝人命"之类的宣泄式指控。第四则论据更多渲染，"囹圄成市，赭衣塞路""死者相枕席，刑者相望，百姓侧目重足，不寒而栗""断狱岁以千万数""刑者甚众，死者相望"，等等。依据此等夸张描绘，秦时罪犯简直比正常人还要多，可能么？第五则论据也尽是此等言辞，"狱官主断，生杀自恣""杀民多者为忠，厉民悉者为能""贼仁义之士，贵治狱之吏"，等等。

这一先天缺陷，所以成为通病，是中国史学风气使然么？

当然不是。中国记史之风，并非自古大而无当，不重具体。《史记》已经是能具体者尽量具体了，不具体者则是无法具体，或作者不愿具体也。到了《汉书》，需要具体了，也可以具体了，便对每次作战的伤亡与斩首俘获数字，都记录详尽到了个位数，对制度的记述更为详尽。也就是说，对秦法的笼统指控，不能以"古人用语简约，习惯使然"之类的说辞搪塞。

就事实而论，西汉作为刚刚的过来人，纵然帝国典籍库焚毁，然有萧何第一次进咸阳的典籍搜求，又有帝国统计官张苍为西汉初期丞相，对秦法能无一部完整的法典留存么？更重要的现实是：秦在中央与郡县，均设有职司法典保存与法律答问的"法官"，西汉官府学人岂能对秦法一无所见？秦末战乱能将每个郡县的法律原典都烧毁了吗？只要稍具客观性，开列秦法条文以具体分析论证，对西汉官员学人全然不是难事。其所以不能，其所以只有指斥而没有论证，基于前述之种种历史背景，我们完全有理由认定：这种一味指控秦法的方式，更多的是一种政治需要，而不是客观论证。

唯其如此，这种宣泄式指控不足以作为历史依据。

要廓清秦法之历史真相，我们必须明确几个基本点。

其一，秉持文明史意识，认知秦法的历史进步性质。

秦国及秦帝国时代，是中国五千年历史上唯一一个自觉的法治时代。

帝国法治，在中国文明史上具有无可替代的历史地位。秦之前，中国是礼治时代。秦之后，中国是人治时代。只有商鞅变法到秦始皇统一中国的一百六十年上下，中国走进了相对完整的古典法治社会。这是中国民族在原生文明乃至整个古典文明时代最大的骄傲，最大的文明创造。

无论从哪个意义上审视，秦法在自然经济时代都具有历史进步的性质，其总体的文明价值是没有理由否定的。以当代法治之发达，比照帝国法治之缺陷，从而漠视甚或彻底否定帝国法治，这是摒弃历史的相对性而走向极端化的历史虚无。依此等理念，历史上将永远没有进步的东西值得肯定，无论何时，我们的身后都永远是一片荒漠。

基于上述基本的文明史意识，我们对秦法的审视应该整体化，应该历史化，不能效法曾经有过的割裂手法——仅仅以刑法或刑罚去认知论定秦法，而应该将秦法看作一个完整的体系，从其对整个社会生活规范的深度、广度去全面认定。即或对于刑法与刑罚，也当以特定历史条件为前提分析，不能武断地以秦法有多少种酷刑去孤立地评判。若没有整体性的文明历史意识，连同秦法在内的任何历史问题，都不可能获得接近于历史真相的评判。

其二，认知秦法的战时法治特质，以此为分析秦法之根本出发点。

秦法基于战国社会的"求变图存"精神而生，是典型的战时法治，而不是常态法治。此后一百多年，正是战国大争愈演愈烈的战争频仍时代，商鞅变法所确立的法典与法治原则，也一直没有重大变化。也就是说，从秦法确立到秦统一六国，秦法一直以战时法治的状态存在。作为久经锤炼且行之有效的一种战时法治体系，秦法自然不会无缘无故地改弦更张。法贵稳定，这是整个人类法治史的基本经验。一种战时法治能稳定持续百余年之久，这意味着这种战时法治的成熟而有效。帝国建立而秦始皇在位的十二年，又因为大规模文明建设所需要的社会动员力度，因为镇压复辟所需要的社会震慑力度，也因为尚无充裕的社会安定而进行历史反思的条件，帝国在短促而剧烈的文明整合中，几乎没有机会去修改秦法，使战时法治转化为常态法治。是故，直到秦始皇突然死去，秦法一直处于战时法治状态，一直没有来得及大规模地修订。

从文明史的意义上说，秦帝国没有机会完成由战时法治到常态法治的转化，是整个中国民族在原生文明时代巨大的历史缺憾。而作为高端文明时代应该具有的文明视野，对这一法治时代的审视，则当准确地把握这一历史特质，全面开掘秦法的历史内涵，而不能以当代常态法治的标准去指控古典战时法治的缺憾，从而抹杀其历史进步性。果真如此，我们的文明视野，自将超越两千余年"无条件指控"的坚冰误区。

其三，认知作为战时法治的秦法的基本特征。

战时法治，从古到今都有几个基本特征。

即或到了当今时代，战时法治依然具有如此基本特征。战时法治超越时代的基本特征是五个方面：一则，注重激发社会效能；二则，注重维护社会稳定性；三则，注重社会群体的凝聚力；四则，注重令行禁止的执法力度；五则，注重发掘社会创造的潜力。

就体现战时法治的五大效能而言，帝国法治的创造性无与伦比。

第一效能,秦法创立了"奖励耕战"的激赏军功法,使军功爵位不再仅仅是贵族的特权,而成为人人可以争取的实际社会身份;第二效能,秦法确立了重刑原则,着力加大对犯罪的惩罚,并严厉防止犯罪率上升;第三效能,秦法创立了连坐相保法,着力使整个社会通过家族部族的责任联结,形成一个荣辱与共利害相连的坚实群体;第四效能,秦法确立了司法权威,极力加强执法力度,不使法律流于虚设;第五效能,秦法确立了移风易俗开拓税源的法令体系,使国家的财力战力在可以不依靠战争掠夺的情况下,不断获得自身增长。

凡此创造,无一不体现出远大的立法预见性与深刻的行法洞察力。

这一整套法律制度,堪称完整的战时法治体系。战时法治体系与常态法治体系的相同处,在于都包括了人类法律所必需的基本内容。其不同处,则在于战时法治更强调秩序效能的迅速实现,更强调对人的积极性的激发。是故,重赏与重罚成为战时法治的永恒特征。秦法如此,后世亦如此,包括当代法治最为发达的国家也如此。从此出发审视秦法,我们对诸如连坐法等最为后世诟病的秦法,自然会有一种历史性的理解。连坐相保法,在中国一直断断续续延伸到近现代才告消失,其间意味何在?何以历代尽皆斥责秦法,而又对秦法最为"残苛"的连坐制度继承不悖,这便是"外王而内法"么?这种公然以秦法为牺牲而悄悄独享其效能的历史虚伪,值得今天的我们肯定么?

其四,秦法的社会平衡性,实现了古典时代的公平正义原则。

从总体上说，秦法的六大创造保持了出色的社会平衡。

激赏与重刑平衡，尊严与惩罚平衡，立法深度与司法力度平衡，改进现状与发掘潜力平衡，族群利益与个体责任平衡，国家荣誉与个体奋发平衡。法治平衡的本质，是社会的公平与正义。正因为秦法具有高度的社会平衡性，所以才成为乐于为秦人接受的良性法治，才成为具有高度凝聚力与激发力的法制体系。

在一个犯罪成本极高，而立功效益极大的社会中，人们没有理由因为对犯罪的严厉惩罚而对整个法治不满。否则，无以解释秦国秦人何以能在一百余年中持续奋发并稳定强大的历史事实。

荀子云："（秦）四世有胜，非幸也，数也。"数者何，法治公平正义之力也。

在五千年的中国历史上，甚或在整个人类的文明史上，几曾有过以二十万罪犯成军平乱的历史事实？可是在秦末，却发生了在七十万刑徒中遴选二十万人为基本构成，再加官府奴隶的子弟，从而建成了一支精锐大军的特异事件。后来的事实是：章邯这支二十万规模的刑徒军战力非凡，几乎与秦军主力相差无几。这支犯人大军，被项羽集团视为纯正的秦军，而在投降后残酷坑杀了二十万人。

这一历史事实，说明了一个法治基本现象：只有充分体现公平正义的法律，才能使被惩罚者的对立心态消除；在一个法治公平——立法与司法的均衡公平——的社会里，罪犯并不必然因为自己身受重刑而仇恨法治。只有在这样的法治下，他们才可以在国家危难的时候拿起武器，维护这个重重惩罚了他们的国家。

另一个基本事实是：秦国与秦帝国时代，身受刑罚的罪犯确实相对多，即或将"囹圄成市，赭衣塞路""死者相枕席，刑者相望"这样的描绘缩水理解，罪犯数量肯定也比后世多，占人口比例也比后世大。然则，只要具体分析，就会看出其中蕴含的特异现象。

比如，秦之罪犯虽多，监狱却很少。

帝国大多数罪犯，事实上都在松散的监管状态下从事劳役，否则不能"赭衣塞路"。说监管松散，是因为当时包括关中在内的整个大中原地区并无帝国重兵，不可能以军队监管刑徒，而只能以执法吏卒进行职能性监管，其力度必然减弱。从另一方面说，秦始皇时期敢于全力以赴地屯戍开发边陲，敢于将主力大军悉数驻扎阴山、岭南两大边地，而对整个腹心地域只以正常官署治理。如果法制状况不好，且罪犯威胁极大，如果对法治没有深厚的自信，敢如此么？直到秦二世初期大作始皇陵，关中依然没有大军。后来新征发的五万"材士"驻屯关中，也没有用于监管罪犯。

凡此等等，意味何在，不值得深思么？

又比如，秦帝国罪犯极少发生暴动逃亡事件。史料所载，只有秦始皇末期骊山刑徒的一次黥布暴动。

相比于同时代的山东六国与后世任何政权，以及同时代的西方罗马帝国，这种百余年仅仅一例的比率是极低的。这一历史现象说明：秦帝国时代，罪犯并不构成社会的重大威胁力量，甚或不构成潜在的威胁力量，反而成了一支担负巨大工程的特殊劳动力群体，最后甚或成了一支平乱大军。

若是一个法治显失公平的社会，不会如此自信地使用罪犯力量，罪犯群体也不会如此听命于这一政权。当陈胜的"数十万"或"百万"周文大军攻入关中之时，关中已经无兵可用，其时若罪犯暴动，则秦帝国的根基地带立即便会轰然倒塌，陈胜农民军便将直接推翻秦帝国，用不着后来的刘邦项羽。而当时的事实却恰恰相反，七十余万罪犯非但没有借机逃亡暴动，或投向农民军反秦，反而接受了官府整编，变成了一支至少超过二十万人的平乱大军。一个基本的问题是：假若罪犯不是自愿的，帝国官府敢于将二十万曾经被自己惩治的罪犯武装到牙齿么？

而如果是自愿的，这一现象意味着什么？

在人类历史上，无论一个时代一个国家是施行恶法，还是施行良法，都从来没有过敢于或能够将二十万罪犯编成大军，且屡战屡胜的先例。只有秦帝国，尚且是轰然倒塌之际的秦帝国，做到了这一点。就其本质而言，这是法治史上极具探究价值的重大事件。它向法治提出的基本问题是：人民的心灵对法治的企盼究竟何在？社会群体对法治的要求究竟何在？只要法治真正地实现了公平、正义原则，它所获得的社会回报又将如何，它的步伐会有多么坚实，它的凝聚力与社会矛盾化解力会有何等强大？

可惜，这一切都被历史的烟雾湮没了。

法治的良恶本质，不在轻刑重刑，而在是否体现了公平正义原则。

其五，认知作为秦法源头的商鞅法治理念。

由于对帝国法治的整体否定，当代意识对作为帝国法治源头的商鞅变法，也采取了简单化方法，理论给予局部肯定的同时，拒绝发掘其具体的法治遗产。对《商君书》这一最为经典的帝国法治文献，更少给予客观深入的研究。《商君书》蕴藏的极具现实意义的进步法治理念，几乎被当代人完全淡忘，只肆意指控其为"苛法"，很少作出应有的论证。

帝国法治基于社会平衡性而生发的公平正义，我们可以从已经被久已淡漠的商鞅的法治思想中看到明确根基。《商君书》所体现的立法与执法的基本思想，在其变法实践与后来的帝国法治实践中，都得到了鲜明体现。

唯其被执意淡漠，有必要重复申明这些已经被有意遗忘的基本思想。

一则是"法以爱民"的立法思想。

《商君书》开篇为《更法》，申明了一个基本主张："法者，所以爱民也。礼者，所以便事也。是以圣人苟可以强国，不法其故；苟可以利民，不循其礼。"这是论说由立法思想到变法的必要：因为法治的目标在于爱民，礼仪的目标在于方便国事；所以，要使国家强大，就不能沿袭旧法，不能因循旧制，就要变法。

在《定分》篇中，商鞅又有"法令者，民之命也，为治之本也"之说。凡此，足见商鞅立法思想的人民性，在古代社会是绝无仅有的。在诸多的中国古代立法论说中，商鞅的"法以爱民""法令民之命"的思想，是独一无二的，是明确无误的，但也是最为后世有意忽视的，诚匪夷所思也。商鞅的这一立法思想，决定了秦法功效的本质。秦国变法的第二年，秦人"大悦"。若非能够真实给民众带来好处，何来社会大悦？

二则是"去强弱民"的立法目标。

所谓"强",指野蛮不法。所谓"弱",指祛除(弱化)野蛮不法民风。

这一思想的完整真实表意,应该是:要祛除快意恩仇、私斗成风的不法性强悍民风,使民成为奉公守法、勇于公战的国民。这里所说的"弱民",不是使民众由强悍变软弱,而是"弱化"民众野蛮不法方面,使其进境于文明强悍。

就其实质而言,"去强弱民"的思想,是商鞅在一个野蛮落后的国家实现战时法治的必然原则,必然途径;是通过法治手段,引导国民由野蛮进入文明的必然的制度手段。其进步性是毋庸置疑的。

三则是"使法必行"的司法原则。

商鞅有一个很清醒的理念:国家之乱,在于有法不依。

历史的事实一再说明,一个时代一个国家的法治状况如何,既取决于法律是否完备,更取决于法律是否能够得到真正执行。从某种意义上说,司法状况比立法状况更能决定一个国家的法治命运。

《商君书·画策》云:"国之乱也,非其法乱也,非法不用也。国皆有法,而无使法必行之法……法必明,令必行,则已矣!"

请注意,这是一则极为深刻的法哲学理念——国皆有法,而无使法必行之法。

这句话翻译过来,几乎是一种黑格尔式的哲学思辨:任何国家都有法律,但是,任何健全的法律体系中,都不可能建立一种能够保障法律必然自动执行的法律。这一思想的基础逻辑是:社会是由活体的个人构成的,社会不是机器,不会因法制完备而百分之百地自动运转，其行法现实往往是打折扣式的法制运转。

这一思想的延伸结论是：正因为法律不会无折扣地自动运转，所以需要强调执法，甚至需要强调严厉执法。体现于人事，就是要大力任用敢于、善于执法的人才，从而保证法律最大限度地达到立法目标。也正因为如此，秦法对官员"不作为"的惩罚最重，而对执法过程中的过失或罪责，则具体论处。

显然，商鞅将"使法必行"看作法治存在的根基所在。否则，国皆有法而依旧生乱。此后两千余年的中国历史上，包括韩非在内，没有任何一个人将司法的重要性说得如此透彻。理解了这一点，便理解了秦任"行法之士"的历史原因。

四则是反对"滥仁"的司法原则。

商鞅执法，一力反对超越法令的"法外施恩"。

《商君书·赏刑》云："（法定，）圣人不必加，凡主不必废。（依法）杀人不为暴，（违法）赏人不为仁者，国法明也。……圣人不宥过，不赦刑，故奸无起。"

法外不施恩的原则，在王道理念依然是历史传统的战国时代，是冷酷而深彻的，也是很难为常人所能理解的。"杀人不为暴，赏人不为仁"的肃杀凛冽，与商鞅的"法以爱民"适成两极平衡。只有将两极联结分析，才是商鞅法治思想的全貌。这一思想蕴藏的根基理念，是法治的公平正义，是对依法作为的根基维护。对如此思想，若非具有深刻领悟能力的政治家，其余人等是本能畏惧的。这一司法原则，其所以在秦国扎下了坚实的根基，最根本原因是它的公平性——对权贵阶层同样的执法原则，同样的执法力度。从这一原则出发，秦法还确立了不许为君王贺寿等制度。

商鞅这一思想产生的历史背景，是王道仁政的"滥仁"传统，在战国之世尚有强大影响力。此前此后的变法所以不彻底，根基原因之一，便是不能破除"国有二法"与种种法外施恩之弊端。顾及这一背景，对商鞅这一思想的价值便会有客观性的认知。

五则是"刑无等级"的公平执法理念。

商鞅确立的执法理念，有两则最重要。

一则，举国一法，法外无刑，此所谓"一刑"原则；

再则，执法不依功劳、善举而赦免，此为"明刑"原则。

《赏刑》篇对这两个原则，有这样的论述："所谓壹刑者，刑无等级，自卿相将军以至大夫庶人……罪死不赦。有功于前，有败于后，不为损刑；有善于前，有过于后，不为亏法；忠臣孝子有过，必以其数断；守法守职之吏，有不行王法者，罪死不赦，刑及三族……故曰：明刑之犹，至于无刑也！"

这就是说，卿相、大夫、忠臣、孝子、行善者、立功者等，统统与民众一体对待，依法论罪，绝不开赦。这一司法原则，相比于"刑不上大夫，礼不下庶人"的旧制传统，庶民孰选，岂不明哉！

六则是"使民明知而用之"的普法思想。

商鞅行法的历史特点之一，是法律公行天下，一力反对法律神秘主义。

为此，商鞅确立了两大原则：其一，法典语言要民众能解，反对晦涩难懂；其二，建立"法官"制度，各级官府设立专门解答法律的"法官"。

对于第一原则,《定分》这样论述:"夫微妙意志之言,上知之所难也……故夫知者而后能知之,不可以为法,民不尽知;贤者而后知之,不可以为法,民不尽贤。故圣人为法,必使之明白易知。名正,愚知遍能知之……行法令,明白易知……以道之知,万民皆知所避就,避祸就福,而皆以自治也!"

这段话若翻译成当代语言,堪称极其精辟的确立法律语言原则的最好教材。

使"法令明白"的目的,在于使民众懂得法律,从而能"避祸就福以自治"。

这一番苦心,不是爱民么?

对于第二原则,《定分》云:"为法令,置官吏,朴足以知法令之谓者,以为天下正(法律)……天子置三法官,殿中置一法官,御史置一法官及吏,丞相置一法官……吏民欲知法令者,皆问法官。故天下之吏民无不知法者。"

其中,商鞅还详细论说了法官的工作方式、考核方式。其中对法官不作为,或错解法令的处罚之法,颇具意味:法官不知道或错解哪一条法律,便以这条法律所涉及的刑罚处罚法官。此等严谨细致的行法措施,不包含爱民之心么?此后两千余年哪个时代做到了如此普法?

走出暴秦说误区：帝国专制说历史解析

当代"暴秦"说的一个新论据，是帝国"专制"说。

传统"暴秦"说，其指控主要来自经济与法治两个具体方面。及至近现代乃至当代，中国史识在基本秉承传统指控外，又对秦帝国冠以"专制强权"定性，秦文明及其所处的原生文明时代，遂成一团漆黑，似乎更加万劫不复了。这一指控基本不涉及史料辨析，而是一种总体性的性质认定。因此，我们只作史观性的分析评判。

首先，这一理念的产生，有非常值得深思的四个基本原因。

第一原因，是马克思主义传入中国后，对中国古代社会作出了三阶段划分：原始社会、奴隶社会、封建社会。马克思主义对这三大阶段的政治定性，都是专制主义。故此，作为"封建社会"开端的战国秦帝国，被"合乎逻辑"地冠以"专制"定性。

顺便说及，作为根基概念的"封建社会"是否真正科学，已经引起了史学界的关注与讨论，思想史家冯天瑜等人的文章相对深刻。这一质疑的出现至少说明，完全套用西方概念与理念框定中国古典社会，是值得商榷的。

第二原因，是西方文明史理念的影响。这一理念的基本表述可以概括为：举凡大河流域的文明，皆以治水为基础，生发出东方专制主义的历史传统。这一理念的代表作，有两部：英国学者汤因比的《历史研究》，以及美国学者魏特夫的《东方专制主义》。基于这一理念，作为东方大国的中国古典社会，被一律视为专制时代，秦帝国自然不能幸免。

第三原因，是中国当代西方民主思潮的普及，使许多人对中国古典时代产生了本能排斥，尤其对强盛时代产生了逆反心理。这一思潮表现为两种形式：一则，学人以论著或其他方式，见之于社会的"封建专制"说；二则，社会个体不加任何分析的武断认定。

在《大秦帝国》第一部被改编拍摄为电视剧的过程中，我听到的这种非理性的将秦帝国认定为"专制"的说法，不知几多。在网络上，也有人严厉质疑"专制崇拜何时休"。这些人，对那个时代，对秦帝国，都缺乏基本的了解。然则，正是这种不了解而本能认定的普遍事实，给我们提出了一个很深刻的问题：我们对文明历史的评判，根基究竟应该在哪里？历史主义的评判意识，为什么在我们民族中如此淡薄？这种以"科学民主理念"去断然否定自己民族文明史的现象，为什么在其他国家民族极其罕见，甚或没有，而在我们民族却大肆泛滥？

第四原因，是历史"暴秦论"的沉积物与其余种种学说思潮的错位嫁接。

自两汉之后，因"暴秦"说而沉积成的"非秦"理念代代强化，已经成为某种意义上的公众非理性认知。以此基础，诸多人等对包括西方史观在内的种种"非秦"定性，非但极容易接受，且更愿意以"新理论"来论证旧认知，从而证明被历史铸成的谬误具有真理的性质。诸多历史学家与文化人，论秦几乎形成了一种八股定式：对秦帝国时代不加任何论证，先行冠以"专制"或"落后文明"之定性，而后再展开以旧理念为根基的论述。在曾经的年代，这种定式的典型句式是："马克思说，恩格斯说……由此可以看出……"中间没有任何论证，一个既定真理，陡然粘接另一个延伸结论。其研究精神之沦落，距离儒家朱熹之对秦考据尚且不如，遑论科学？

这里，直接原因，在于这种错位嫁接。

根本原因，却实在是一个涉及诸多方面的复杂问题。

那么，秦帝国时代的文明与政权性质，不是专制么？

是的，不是专制，而是中央集权制，在当时是一种进步的政治文明。

秦帝国创建中央集权制，是发生在多元分治时代的革命性事变。

战国时代，多元分治已经发展到空前严重的程度。也就是在这样的时刻，历史开始出现了内在转折——华夏世界在兼并融合中发展为七大板块结构，这就是七大战国的裂土分治。这一过程表现出鲜明的历史趋势——强力融合，多极简化，走向统一。所以如此，根本性的原因是：历经五百余年诸侯分治的震荡，多元裂土的种种致命弊端，都已经彻底无遗地充分暴露出来；对多元分治的危害，当时的华夏世界已经有了痛切透彻的感知，有了深刻理性的思考。天下向一，因此而成为历史的大潮。

当此转折，秦帝国实现了历史大潮的指向目标，既统一了中国的疆域，又统一了中国的文明。关于秦帝国的统一，历来的提法只是笼统地说秦统一中国。对秦统一中国文明，则没有自觉的历史定位。我的文明价值理念，将秦的统一归整为两个基本方面：一是秦统一了中国的疆域，二是秦统一了中国文明。疆域统一，是硬件统一，同一时代的罗马帝国也做到了。文明统一，是软件统一，同时代的罗马帝国根本没有意识到。在这两个统一中，秦统一中国文明是根本。

而专制主义理论，是一种舶来理论。既然是依据西方政治学说，我们就先来看看西方人的权威说法。

在《大不列颠百科全书》中，对专制主义的定义是："一种政治理论和实践，指不受限制的中央集权和专制统治，特别是君主政体。这种制度的本质是，统治权不受任何其他机构（无论是司法、立法、宗教、经济或选举机构）的监督或制约……法国的路易十四对专制主义作了最著名的断言，他说'朕即国家'。"之后，是对专制主义在近代欧洲表现形式的分析，通篇没有提到中国。

依据这一定义，一个政权是否专制主义，其本质界限，不在于它是君主制还是共和制，也不在于它是中央集权制还是另外形式的专制统治，而在于这个政权是否"不受任何其他机构的监督或制约"。显然，这一定义非常清楚地揭示了专制主义的本质。

根据这一定义，秦帝国的中央集权制，离此似乎还有很大距离。

其一，秦帝国创建的中央集权制，是一个有监督制约的权力体系。

权力监督之一，是秦帝国有"凡事皆有法式"的体系化的秦法，举国上下有尊奉法制的传统，执法之严明历史罕见，始皇帝远远不能随心所欲地决定一切。依据上述定义，这是来自司法、立法两方面的监督。

权力监督之二，是秦帝国中央权力系统中有专门的监察机构——御史大夫府。就地位说，它位列三公，几乎与丞相同爵；就权力说，它享有监督皇室、稽查大臣的实际政务监督权，并非虚设。

依据上述定义，这似乎还是列举形式之外的一种国家权力监督。

权力监督之三，是公议制度的监督。秦帝国时代，朝臣公议是一种议事制度。秦史大家马非百先生的《秦始皇帝传》中，专门有"取消议事制度"一节。也就是说，秦帝国创制的前期，若干重大创意的推行，秦始皇都下令群臣公议。创制后期，则因为议论"以古非今"而助长分封制复辟思潮，所以下令取消。以绝对精神的价值标尺说，无论以何种理由取消议事制度，都是专制主义的。但是，依据当时的历史实践，为了维护新的政治文明，取缔"以古非今"的制度根基，不能说没有任何合理性。更不能因为议事制度的取消，就判定中央权力失去了所有的监督。

其二，秦帝国所创建的中央集权制，具有最为深厚的时代根基。

任何制度的创立，其是否具有历史合理性，根基是其在多大程度上吸纳了当时社会的利益需求，在多大程度上体现了特定政治文明的内在需求。从社会利益的需求说，秦之中央集权制，是在五百余年裂土分治的历史背景下创建的。五百余年的历史实践已经充分证明：同一文明根基的华夏世界的裂土分治，只能带来深重的社会灾难；除了分治时代的既得利益集团，广大的社会意识对继续保持分治状态是深恶痛绝的，要求治权统一，是最为主流的社会利益需求。

从政治文明的内在需求说，华夏政治哲学具有深厚的"尚一"理念。

老子的"一生二，二生三，三生万物"，是尚一理念的最经典表述。也就是说，中国族群的社会实践价值观，从来都是崇尚"事权归一"的,民谚谓之"龙多主旱"。由于生存环境的险恶,华夏族群从远古时代起,就有诸多族群结成一体,在统一号令下协力生存的传统。可以说,从黄帝炎帝时代最初创立族群最高联盟政权开始,"尚一"理念就牢牢扎根于我们的文明基因中了。及至春秋战国五百余年分治,中国实际走上了创造新的"尚一"形式的历史道路,也就是说,从联邦诸侯制的旧的松散"尚一"形式,跨越到中央集权制的新的紧密化的"尚一"形式。这当然是政治文明的一次历史性跨越。从根本上说,秦帝国统一中国疆域,创建中央集权制,是完全符合华夏族群政治文明价值观的,并不是凭空飞跃的。

历史的实践已经证明:秦帝国的中央集权制,有效地结束了华夏世界范围内的区域相互封锁,有效地结束了分治时代的连绵战争,使华夏世界获得了统一治权条件下空前广阔的发展空间。这种基于强大历史需求而产生的政体,这种已经被历史实践证明其强大功效与伟大贡献的政权形式,不是简单地将其冠名为专制主义便可以否定其文明史地位的。

其三,秦帝国的中央集权制,与后世的皇权制是两回事。

评判一个特定历史阶段的政治文明,不能以后世的流变为根基,不能囫囵化。秦帝国之后百余年,汉武帝抛弃了华夏世界的多元文化传统,建立了一元特质的意识形态,中央集权制由此埋下了蜕变的种子,渐渐走向了彻底板结。

这个板结过程是:皇权日益覆盖全部中央权力,并渐渐以皇权制取代了秦帝国开创的中央集权制。其具体表现是:以丞相府为首的中央政府系统的权力日渐分解,日渐缩小,直至清代,丞相直接沦落为皇帝上书房的"行走";监察系统与言官系统的权力,也迅速缩小,迅速虚化;皇帝直辖独断的权力,则日渐增大,唐宋之后,皇帝权力已经接近于基本没有限制,是为皇权制。这种不断沉沦的变化,是历史的事实。这里的要害是,皇权制与秦帝国时代的中央集权制不是一回事,不能归结为一体作囫囵化评判。

从总体上说,秦帝国首创的中央集权制,是一种以皇帝为轴心的整个中央权力系统行使最高治权的集权政体。西汉之后渐渐流变成的皇权制,则是皇权系统几乎完全取代中央行政系统的决策权力,走向专制主义的趋势明显化。但是,我们不能因此判定,中央集权制在创造阶段就是专制主义。应当说,在遵奉法治的秦帝国时代,其中央集权制是具有巨大进步意义的政治文明创造。这是历史实践的展现过程,不是任何理论评判所能改变的。

秦帝国的中央集权制,不需要以西方学说定性。

中央集权制本身,就是一个定性秦帝国政权的最适当范畴。

历史的发展已经表明:古今中外的政权形式,不仅仅是专制与民主两种形式,还存在着许多形式的第三形态甚或第四形态的政权。它们既非民主制政权,也非专制主义政权。它们本身就是一种具有独立政治文明形态的政权形式。如果一定要用民主与专制这样的绝对标尺划分纷繁复杂的政治文明实践,我们必然失之于简单化囫囵化,无助于我们接近历史与现实世界的真实。

真理跨越一步,就是谬误。虽然,中央集权制与君主制,是最可能产生专制主义的两种政权形式,但是,毕竟不能等同。否则,日本国有天皇制,英国有国王制,它们究竟是民主制政权,还是专制主义政权？从本质上说，秦帝国的中央集权制，在当时的历史条件下已经实现了相对的制约平衡，无论从哪个时代的标准说，它与专制主义政权都不是一回事。

相对于既往三千年松散乏力的邦联制，中央集权的治权归一制，无疑具有一举迈入新时代的进步性。历史的实践证明，这种中央集权制问世伊始，便立即展现了无与伦比的强大创造力，整个华夏社会的繁荣富庶远远超过了夏商周三代与春秋战国，在整个人类的古典历史上达到了一个空前绝后的高峰时代。

秦帝国开创的中央集权制，在创造时期具有巨大的进步意义。

我们不能因摒弃专制，而连带否定我们民族整个文明根基中的合理元素。

将集权体制曾经有过的历史进步性一概抹杀，又进而以专制体制替代整个文明形态，以今日之政治抉择取代总体上的文明评判，这既是理论逻辑的混淆，更是历史虚无主义的悲剧。依此等理念，人类历史将永远不会有进步坐标，任何时代的创造，都可能因其必然成为历史而被否定。不要忘记，即或我们自己，我们这个时代，也将被后来者评判。如果后来人说，我们这个时代因为没有民主制，从而一无是处，不觉得荒谬么？

我们民族要开创未来，要在政治文明上取得突破，必须面对两个基本难题。

第一个难题，解决好"尚一"政治文明的社会根基。

第二个难题，寻求能够兼容"尚一"传统的历史道路。

自远古洪荒，我们的民族便走着一条特立独行的文明之路。

我们的文字，我们的生活方式，我们的政治文明，我们的社会伦理，我们的建筑风格，我们的衣食住行，我们的所有基本方面，都是在没有历史参照系数的大势下独立创造的。我们这个民族的最大不同，在于她是世界上唯一一个不以信仰与独特生活方式为聚合纽带，而以文明内涵、文化方式为聚合纽带的民族。

某种意义上，任何一个群体，只要踏进了华夏文明圈，写中国字，说中国话，奉行中国式的多元生活方式，她便会渐渐地成为真正的华夏子民。无论是先秦戎狄，还是帝国诸胡与匈奴，还是五胡乱华，还是宋元明清的周边民族群，乃至世界最难融合的犹太人，都曾经大批量地成为我们民族的群体成员。唯其如此，传统文明对于我们这个民族的意义，远远大于其他任何民族。我们曾经五千年绵延相续的生命历史，证实了我们民族文明的强大生命力与无与伦比的创造力。假若我们忽视乃至淡漠我们民族的文明传统，而要硬生生奉行"拿来主义"，我们必然会走向巨大的不可预测的历史误区。

上述几个方面，是对"非秦"三大理念的历史解析。

我们应当记住，历史与当代的"非秦"三大理念：暴秦论、落后文明论、专制论。

秦帝国骤然灭亡的两个最重大原因

秦帝国突然灭亡的原因，始终是中国历史的一个巨大谜团。

揭示这个谜团，对于全面认知中国原生文明，具有基础性的意义。

任何历史秘密，大体都基于两个原因形成：其一，资料物证的巨大缺失或全部缺失，导致后人无从认知评判。诸多历史古国的消亡谜团，诸多民族断裂的黑洞，都是这样形成的。破解这种历史秘密，起决定性作用的，是史料与证据的发现。其二，人为扭曲真相，历史烟雾长期弥散，而使简单化的谬误结论演变为意识主流，导致后来者文明探究的艰难寻觅。

秦帝国灭亡之所以成为谜团，盖出第二原因也。

破此等历史秘密，起决定作用的，是探究者及其所处时代的认知能力。

两千余年对秦亡原因的探究，一直与对秦政的总体评判紧密联系在一起，与"暴秦"说互为论证，形成了一个已经严重板结的主流定式，其结论极其简单明确：暴政亡秦。但是，大量的历史事实，已经呈现出一个基本结论：秦政是一个伟大的文明体系，秦政并无暴虐特质。以中国历史作纵向对比，从项羽复辟集团毁灭帝国文明的暴政暴行开始，秦之后大暴政导致的大劫难屡屡发生。与其相比，秦政文明水准远远高于其上。这一文明水准，主要指两个基本特征：一则是大规模的文明创新；二则是大规模的建设精神。这两个基本点，其后中国历史上的任何时代，都无可比拟。

是故，秦政绝不是中国历史上的暴政时期。

以人类文明史作横向对比，秦政是同时代人类文明的最高水准。大体同时代的西方罗马帝国的残酷暴烈，与秦帝国的法治文明根本不可同日而语。举凡人类在自然经济时代的野蛮标志，都是西方罗马帝国及中世纪时代的专属物：斗兽场、奴隶角斗士、初夜权、奴隶买卖制、领主私刑制、贞操带、以掠夺为实质的宗教战争，等等等等，其触目惊心，其阴暗恐怖，尽出西方落后文明。这是历史的事实，不能因为西方社会今日的相对文明发达，而否定其历史的野蛮性。客观地说，相比于西方罗马帝国，秦帝国的文明水准至少超过其半个时代，或者说高出其半个社会形态。

唯其如此，指控秦帝国"暴政"，并极其武断地以此作为秦亡的基本原因，既缺乏基本的历史事实依据，又与高端文明时代的审视理念显然不合，是有失公正的。就历史观而言，我们不否认秦政与秦亡的内在联系，我们更对基于探究历史经验教训而研究秦亡与秦政之间的因果联系表示由衷的敬意。这里，我们只对缺乏历史依据的"暴政亡秦"说给予必需的否定，并客观公正地论述我们的理念。

要探究秦亡奥秘，首先得明确两则根基。

其一，将作为文明体系的帝国创造物——秦政体系，与作为权力主体的秦帝国，区别开来，建立一种明确的认知：权力主体之与其文明创造物，是两个具有不同运行逻辑的各自独立的主体。两者之间有联系，但并无必然的兴亡因果关系。秦帝国的速亡结局，并不必然证明其文明体系（秦政）的暴虐。秦二世赵高政权的暴虐杀戮，只是帝国权力主体在历史延续中的变形，而不是秦政的必然延伸。

其二，探究秦帝国灭亡奥秘，必须从高端文明时代应当具有的历史高度，透视解析那个特定时代的广阔社会历史联结，寻觅导致其速亡的直接原因，以及更为深广的社会因素。任何简单化的方式，都只能重新陷入历史烟雾之中。

从史料角度说，基本事实是清楚的，秦亡并无秘密可言。

秦亡原因的探究，更多侧重于对既定历史事实以高端文明时代的价值理念给予分析与认定，而不是呈现新的史料证据，提供新的历史事实。这里的前提是：我们这个民族对历史事实的记述是大体完整的，没有重大遗漏的。历代"非秦"烟雾的形成，原因不在事实不清，而在是非不明。

综合当代所能见到的全部基本资料我们可以认定：秦帝国的突然灭亡，有两个最为重大的原因：其一，突发政变（灾难）所导致的中央政权突然变形；其二，战国传统所形成的巨大社会惯性，导致整个社会迅速地全面动荡。突发政变是秦亡的直接原因，战国惯性则是秦亡的基础原因。这两个原因所涉及的历史事实，大体都是清楚的。尤其是突发政变，更是人人皆知的历史事实。战国传统所形成的社会惯性，却历来为史家与社会所忽视，然而也是客观存在的历史事实。

是故，我们的重点不在史料，而在认知——高端文明时代的历史透析能力。

1. 突发恶性政变，导致中央政权结构全面内毁

秦帝国在权力交接的转折时期，突然遭遇恶性政变，历史异数也。

异数者，匪夷所思之偶然性与突发性也。对于秦始皇之后的权

力交接,历代史家与社会意识都有这样一个基本评判:若由长公子扶苏继位,秦帝国的历史命运必然大不相同。其时,扶苏的品性与才具,已经得到了天下公认。扶苏的"刚毅武勇,信人奋士",已经具有了很高的社会声望,连底层平民陈胜、吴广等尚且知之,朝廷郡县的大臣吏员更不用说了。当时的始皇帝与天下臣民,事实上已经将扶苏作为储君对待了。尽管在施政宽严尺度上,扶苏的宽政理念,被更看重复辟严重性的始皇帝否定了,但就其实际处置看,扶苏的重要性丝毫没有减弱。当此之时,历史却突兀地呈现出一幅最荒诞的画面:始皇帝突然死于大巡狩途中,最不成器的少皇子胡亥,突兀地成了秦帝国的二世皇帝!

这一突兀变化的成因,及其演进环节所包含的具体因素,始终无法以常理推断。其中任何一个环节,都是突发的;任何一个因素,都是突然变形的;任何一个事件,都不具有可以预料的逻辑性。

透析这场政变对秦帝国直接全面的内毁,认识其突发性与偶然性这一特质,是极其重要的。唯其突发,唯其偶然,唯其不可思议,才有了秦帝国中央政权的坚实结构迅速瓦解崩溃,才有了帝国臣民依然本着奉公守法的传统精神,在连番惊愕中不自觉地接受了权力轴心极其荒诞的恶性作为。恶性政变突发,农民暴动又突发,秦帝国所有足以纠正中央恶变的政治力量,都因为没有起码的酝酿时间,而最终一一宣告失败。

从根本上说,政变的突发性与农民举事的突发性聚合,决定了帝国命运的残酷性。

这场突发政变所汇聚的历史偶然性因素,大体有如下方面:

始皇帝年近五十而不明白确立扶苏为太子,偶然性一也。

始皇帝明知身患疾病而坚持进行最后一次大巡狩,偶然性二也。

始皇帝大巡狩之前怒遣扶苏北上九原监军,偶然性三也。

始皇帝最后一次大巡狩,于诸皇子中独带胡亥,偶然性四也。

始皇帝中途患病而遣蒙毅回咸阳,偶然性五也。

始皇帝在蒙毅离开后以赵高兼领符玺令,偶然性六也。

始皇帝于沙丘行营病情突然加重,偶然性七也。

突发病情致始皇帝未能在死前写完遗诏,偶然性八也。

突发病情未能使始皇帝召见李斯会商善后,偶然性九也。

长期忠诚无二的赵高突发人性变形之恶欲,偶然性十也。

栋梁重臣李斯之突变,最为不可思议,偶然性十一也。

扶苏对假遗诏缺乏辨识或不愿辨识,选择自杀,偶然性十二也。

蒙恬、蒙毅相继入狱,被逼迫接受自杀,偶然性十三也。

王翦、王贲父子于始皇帝生前病逝,偶然性十四也。

李斯一错再错,大失前半生节操才具,终致惨死,偶然性十五也。

胡亥素质过低而近于白痴,偶然性十六也。

秦帝国功臣阶层因李斯突变而分化不能凝聚,偶然性十七也。

赵高之恶欲野心膨胀变形,大出常理,偶然性十八也。

陈胜、吴广之"闾左徭役"突发暴动,偶然性十九也。

关中老秦人人口锐减,对恶性政变失去强大威慑力,偶然性二十也。

……

必须申明的是：上述偶然性，并非指这些事件或因素是无原因爆发，而是指恰恰在这一时刻爆发的突然性。譬如，最为关键的两个人物——赵高与李斯的突变，可谓这种偶然性的典型。以赵高前期的表现与功绩，始皇帝对其委以重任，且信任有加，是完全正常的。唯其如此，赵高的人性之恶变突然发作，并无必然性，确实是一种人性突变的偶然性。若说赵高从少年时代起，便是一直潜藏在始皇帝身边的奸佞或野心家，是十分滑稽的。

李斯更是如此，以其前期的巨大功绩与杰出才具，及其自觉的法家理念，以及在几次重大关头表现出的坚定政治抉择，实在不可能在其与蒙恬的地位高低上计较。然则，李斯恰恰接受了赵高说辞，恰恰计较了，这是必然性么？仅仅以李斯青年时期的"厕鼠官仓鼠"之说，便认定李斯从来是一个私欲小人，同样是滑稽的。

李斯与赵高，都是英雄与魔鬼无过渡对接的异常人物。其突然变异，无疑隐藏着人性潜质的巨大秘密。但是，从社会原则与政治原则出发，任何时代的人事任用，都只能遵循实践法则，以人物的既往历史去判定，而不可能以极少数的突然变例去判定。从本质上说，赵高与李斯的政治地位，是其努力奋争的结果，是历史的必然。从人事任用权力说，始皇帝重用赵高、李斯，是合乎逻辑的，同样是必然的。唯其如此，赵高李斯突然的巨大变异，实在是一种不可预知的偶然性。

种种偶然性导致的这场政变，是历史上摧毁力最强的恶性政变。

作为一种权力更迭的非常态方式，政变从来存在于从古至今的政治生活之中。就其结局与对历史的影响而言，政变有三种：一种是相对正义方发动的良性政变，譬如后世最著名的李世民玄武门之变；一种是仅仅着力于夺权而不涉及国策，无可无不可的中性政变，譬如赵武灵王末期的政变，以及后世的明成祖朱棣政变；第三种，便是破坏力最强的恶性政变，其典型便是始皇帝身后的赵高李斯政变。

这场政变之所以成为恶性政变，之所以成为突发的巨大政治灾难，是由其主要发动者的特质决定的。这一政变的轴心人物是赵高、胡亥、李斯三人。三人的具体谋求目标不同，但目标的根基点相同：都是为了谋求最大的个人利益，或为私欲所诱惑。其最为关键的李斯与赵高，都是帝国的赫赫功臣，赵高掌内廷大权，李斯掌国政大权，既有足够大的权力影响，又有足够大的社会声望，同时更有改变始皇帝既定意志的权力手段。

然则，政变之所以成为恶性政变，并不在于政变开始与过程中的权谋与恶欲，而在于政变成功之后的再度恶变。若胡亥即位后，赵高与李斯同心为政，妥善推行李斯已经在始皇帝在世时开始了的适度宽政，减少徭役征发，避免农民的突发暴动，这场政变完全可能成为无可无不可的中性政变。

然则，事情还是没有按照正常的逻辑发展，而是再度恶变，大大偏离了李斯卷入政变的初始预期。这里，决定性的诱发因素，又变成了胡亥。胡亥即位后，低能愚顽的享乐意识大发作，进一步诱发了赵高全面操纵国政的野心，并最终导致了赵高再次发动政变，杀了胡亥。在这再度恶变的过程中，李斯几欲挣扎，几欲将国政扳回常态。但是，由于已经与帝国权力的根基力量疏远，李斯的努力显得苍白无力，终于陷入了赵高的阴谋，以致最终惨死。

因再度恶变，这一政变终于走上了恶性糜烂的道路。

恶果之一，秦帝国坚实的权力结构迅速崩溃。在赵高"诛大臣而远骨肉"的残酷方略下，嬴氏皇族被大肆杀戮，帝国功臣被一一剔除，中央政权发生了急剧的恶变。

恶果之二，反其道而行之的种种社会恶政——大工程不收反上，大征发不减反增，赋税征收不轻反重，迅速激发了激烈的民众反抗，由此诱发复辟势力全面复活，使社会动荡空前激烈，矛盾交织难解，大灾难终于突然来临了。

恶果之三，秦帝国群策群力的施政决策方式荡然无存，骤然转变为胡亥赵高的荒唐臆断。中央决策机构全面瘫痪，以致胡亥对农民暴动的社会大动乱程度的荒唐认定，根本无法得到应有的纠正。在始皇帝时期，这都是无法想象的。

恶果之四，中央政令的荒谬，与社会治情严重脱节，致使郡县官吏无所适从，纷纷生出疏离之心。天下政务几近瘫痪，军力财力无法凝聚，无力应对愈演愈烈的社会动乱。

恶果之五，恶政导致秦帝国边地主力大军人心浮动，战心丧失，战力大减。

九原主力军固然粮草不济，岭南主力军固然山高水远，然若不是恶政猖獗，以秦军之顽韧苦战传统，必全力以赴挽救国难。以章邯之二十万刑徒军，尚能在平乱初期连战大捷，若秦军主力全面出动，稳定大局当不是难事。事实却不然，除了王离一部，两大秦军主力皆未大举出动。其根本原因，正在于政治的恶变，从根基上毁灭了秦军将士的归属感。

败政恶政无精兵,这是千古不变的道理。

从政治决定军事的意义上说,秦军声威骤然消失,并非不可思议的秘密。

综上所述,秦帝国灭亡的直接原因是显而易见的。

2. 战国大争传统形成的巨大惯性,导致空前剧烈的全面动荡

秦末动乱之快速剧烈,在整个人类历史上独一无二。

仅仅一年,天下大势面目全非。自古所谓天下大势,通指三个基本面:一曰朝局,二曰民治,三曰边情。朝局者,政情轴心也。民治者,人心根基也。边情者,存亡之首也。对此三个基本面的总体状况,古人一言以蔽之,统归于"治乱"两字。天下稳定康宁,谓之治;天下动荡纷扰,谓之乱。是故,治乱之情,天下大势之集中表征也。

从始皇帝病死沙丘的公元前210年七月,至公元前209年七月大乱之时,堪堪一年。天下由盛大治世,陡然化作剧烈乱世。转折之快,如飓风过岗万木随向。这实在是中国历史上绝无仅有的一次大象飞转。及至大泽乡九百徭役揭竿而起,竟能达到"旬日之间,天下响应"的激速爆发之势,为后世任何大动荡所望尘莫及。

在社会节奏缓慢的自然经济时代,煌煌强势急转直下,实在是不可思议。

在中国乃至整个人类历史上,事实上也只有这一次。

历代史家解释这一现象,无不归结为秦"暴政"蓄积已久,其

发必速。所谓"天下苦秦久矣",正是此等评判之依据。实则不然,这种轰然爆发而立即弥漫为整个社会大动乱的现象,固然与秦二世恶政有直接关联,也与始皇帝时期的帝国施政有关联,但不是必然性关联,尤其不是长期"暴政"激发一朝大乱的必然性因果关联。基本的原因是,秦帝国并非暴政,更不是长期暴政。秦末大动乱,其所以骤然爆发且立即全面化,其所以成为人类历史之唯一,根本的原因,取决于那个时代独有的特质。

不理解或有意忽视这一特质,无法深刻解析这一历史现象。

秦末社会的独有特质,在于战国大争传统依然是主导性的时代精神。这种精神,决定着时人对种种事件的认知标准,也决定着随之而来的反应方式与激烈程度。为此,要深彻体察两千余年之前的那场剧烈大爆发,首先得理解那个时代的价值理念,理解那个时代的行为方式。否则,不足以解释其普遍而剧烈的反应,不足以解释其大规模的酷烈演进。作为解析历史奥秘的探索者,最不能忽视的,便是发掘那个时代已经被史书风干了的鲜活要素。否则,曲解是必然的。

秦帝国恶性政变发生之时,一统天下尚只有短短的十二年。

无论以哪个时代的变化标尺衡量,十二年,都是个太短太短的时段。其时,七大战国生死拼杀的那一代人,全部正在盛年之期;新生一代,尚处于上一代人的风信标之下;家国兴亡所导致的巨大社会精神鸿沟,尚深深植根于种种社会群体之间,尚有很远的距离才可能弥合。

就权力层面说,战胜者成了一统天下的君王与功臣,战败者则成了失国失地的遗民或罪犯。此间鸿沟,既不可能没有,也不可能不深。就民众层面来说,战胜国臣民的主宰感、荣誉感与尊严感,以及分配巨大战胜利益的愉悦感,都倍加强烈。灭亡国家的民众浓烈的沦丧感、失落感与自卑感,以及在社会利益分割中的不公平感,都被鲜明地放大了。此间鸿沟,既不可能没有,也不可能不深。

就关注焦点而言,作为战胜者的帝国政权与本体臣民,立即将全部心力投入到了大规模的文明创制之中,力图以宏大的建设功业达到人心聚化,从而达到真正的天下大治。作为战败亡国的山东六国臣民,需求则要复杂得多。民众孜孜以求的是,力图从统一新政中获得实际利益的弥补,获得精神沦丧的填充。六国贵族则殷殷渴求于复辟,殷殷渴求夺回已经失去的权力、土地与人民。此间鸿沟,不可能没有,更不可能不深。

凡此种种鸿沟,意味着这时的社会心理尚处于巨大的分裂状态。

帝国政权的统一,距离人心的真正聚合,尚有很大的距离。

虽然,从总体上说,天下民众确定无疑地欢迎统一,并欣然接受了统一。始皇帝大巡狩刻石中的"皇帝并一海内,天下和平",并非虚妄之辞。然则,历史与社会的复杂性便在这里:对于一个魄力宏大且又洞彻天下的政权而言,上述种种社会鸿沟,都可能在妥善的化解中渐渐趋于平复;而对于一个不知深浅的恶变政权,则上述种种社会鸿沟,则可能立即从潜藏状态骤然转化为公开状态,精神鸿沟骤然转化为实际颠覆。

就其实质而言,秦帝国统一初期,整个社会心理仍旧处于一种不定型的可变状态。天下对秦帝国一统政权,尚未形成稳定的最终认可。渴望重新回到战国大争时代的精神需求，仍然是一股普遍而强劲的社会思潮。无论是帝国中央在确立郡县制中爆发的"诸侯封建"大论争，还是六国贵族在当时的复辟言论与暗杀行动，以及山东民众与当年封主的种种联结，甚或对贵族暗杀行动的实际掩护、民间流言、反秦石刻生发不息等，都证明了这种可变性的强烈存在。

唯其如此，在后世看来相对寻常的种种事变，在这个时期都具有数倍数十倍放大的强烈反应后果。从社会动乱的历史发展节奏看，如秦二世胡亥这般低能昏聩的君主，前世有之，后世更多有之。然则，后世社会反应的迟钝缓慢，远远无法与秦末时期的激烈快速相比。自西汉末期的绿林、赤眉农民军暴动起，任何时代的农民起义，都是反复酝酿多年方能发动，发动后又长期转战，很难得到全社会的有效支持。至于普遍而迅速地响应，更是极其罕见。

此种现象，愈到中国后期愈明显。 宋王朝享乐庸主多多，且内忧外患频仍，农民反抗经久不断，却数十年不见天下轰然而起。明代昏君辈出，首代杀尽功臣，此后外患政变迭出，后更有"家家皆净"之号的盘剥皇帝嘉靖。而明代酿成农民大起义，却竟然是在二百余年之后。纵观中国历史，其对昏暴君主的反应差别之大，呈现出迅速的历史递减。

此间根本，既有文明衰落与族群生命状态衰减的原因，更有时代精神的巨大差别。

再者，秦帝国时代依然弥漫的战国精神，就是天下问政的历史风尚。

春秋战国时代乃"多事之时，大争之世"。其时，普遍的生命状态是"凡有血气，皆有争心"。

当此之时，世风刚健质朴，不尚空谈，求真务实，对国家大政的评判既直截了当，又坦荡非常。春秋战国时代的普遍现象是：国有昏君暴政，则人才立即出走，民众立即反抗，或纷纷逃亡。这种刚健坦荡的精神，既包括了对昏聩政治的毫不容让，也包括了对不同政见者的广阔包容，因之酿成了中国历史上的一系列政治奇观。

在中国历史上，只有春秋战国时代的贵族，可以因政见不同而流亡，并能在流亡中寻觅时机再度夺取政权；只有这一时代的政治失败者，能在被贬黜流放中再度崛起，重新返回权力场；只有在这一时代，士人阶层能以政见理念为标准，选择效力的国家，能"合则留，不合则去"，特立独行，千古罕见；只有这一时代的民众，可以自由迁徙，"危邦不居"，可以对自己不能容忍的暴政一挥手便走，否则便聚而抗争；只有这一时代的民众，真正地千刀万剐过昏暴的君主……凡此等等奇观，皆赖于这一时代的根基精神，皆为这一时代的社会土壤所开出的绝无仅有的奇葩。

这一时代现象，便是"天下问政"的历史风尚。

这一风尚的实际内涵，是对失败者的宽容，对在位者的苛刻。

在秦统一中国之后的十余年里，这种春秋战国遗风仍然以浓烈的历史传统，存在于现实社会。整个社会对已经灭亡的六国，并没有因为向往和平与统一而从精神上彻底抛弃。对具体到个人的六国贵族的复仇，更没有因为尊奉秦法而一概冷落。至于对复辟旧制带来的恶果，则因为没有复辟大毁灭的历史先例，其时尚无法深切体察。

其时，天下民心对帝国大政的基本态势，仍然是春秋战国的价值法则：你果真高明，我便服你；你果真低能，我便弃你。始皇帝雄风烈烈大刀阔斧开天辟地大谋天下生计，谁都会看在眼里。帝国施政纵有小错，民也容忍了。秦二世低能昏聩杀戮害贤，享乐与聚敛并发，大谬也，是可忍孰不可忍！在那个时代，没有漫长的忍耐与等待，没有基于种种未来与现实利益而生发的反复权衡，没有"臣罪当诛兮，天子圣明"的愚忠世风，没有"窃以为如何如何"的萎缩表达方式。人同此心，心同此理，一切都是简单明了的。

轰然之间，社会直感立可爆发为巨大的社会风暴。

这便是社会土壤，这便是时代精神。

就历史事实说，始皇帝以战止战而一统天下，民众无疑是真诚的欢迎，真心的景仰。一个新政权堪堪立定，便致力于破解人身依附、取缔封地旧制、决通川防、修筑道路、消除边患、建立郡县、统一文字、统一交通、统一田畴等天下生计作为，再加上帝国君臣上下同心，政风清廉，尊奉法度等后世罕见的清明政风，历经春秋战国数百年锤炼的天下臣民，不可能没有分辨力，不可能不真诚地景仰这个巍巍然崛起的新帝国。

唯其如此，天下臣民容忍了相对繁重的工程徭役，也容忍了种种庞大工程夹杂的与民生无关的奢华工程，如拆毁六国都城而在咸阳北阪写放重建等。甚或，更容忍了勤政奋发的始皇帝，任用方士求仙采药而求长生不老的个人奢靡与盛大铺陈。

归根结底，人民是博大、明智而通达的。事实上，人民在期待着始皇帝政权的自我校正。毕竟，面对始皇帝这样一个不世出的伟大君主，人民宁可相信他是愿意宽政待民，且能够自我校正的。这种天下心态，虽非春秋战国时代的主流精神，然却也是基本的复杂人性的活化事实，既是正常的，也是前世后世屡见不鲜的。

在人类历史上，伟大的君主不惜以累积民怨为代价而追求宏大功业，是极为常见的。这种君主，其归宿大体不外三途：其一，暮年自我校正，且能清醒善后，战国如秦昭王，后世如唐太宗；其二，有所悔悟而来不及自我校正，然却在生前能清醒善后，择贤君而立，故其弊端被后世继承者校正，后世汉武帝为此典型；其三，既来不及自我校正，又来不及清醒善后，骤然撒手而去，留下巨大的权力真空，导致巨大的颠覆性恶变。无疑，始皇帝属于第三种情形。

始皇帝身后的恶性政变，既滑出了始皇帝的政治个性逻辑，又滑出了帝国法治的常态稳定性逻辑，本身便是一个历史罕见的偶然性。且作一条历史的延长线：若没有陈胜、吴广的农民暴动及其引发的复辟恶潮，度过胡亥赵高的恶政之后，子婴继位秦三世，帝国政治能否恢复平稳状态？应当说，答案是肯定的。

果然如此，后世对秦政秦文明的评价又当如何？

这一假设的意义，在于展现历史的逻辑，在于清楚认识秦帝国灭亡并非因秦政而发，并不具有必然性。当然，秦帝国的法治并非高端文明时代的法治，其自身逻辑的历史展现力是相对脆弱的，其法治原点的高度集权性，具有足以破坏其稳定传承性的力量。法家学说之慎到派，其所致力推重的"势"，就是这种实际凌驾于法治之上的君主力量。

于是，历史的逻辑在这里突然断裂了。

偶然的恶性政变，遭遇了深厚的历史传统。

强大的惯性力量，绞杀了本质上具有可变性的历史逻辑。

这便是秦帝国突然灭亡的历史本质。

伟大的秦帝国骤然消逝于历史的天宇，是中国文明史的一个巨大变数。

伟大的原生文明淡出于高端文明视野，是中国文明史的一幕深刻悲剧。

沧海桑田，白云苍狗。我们民族的历史脚步，在艰难泥泞中并未停歇。虽然，我们对那个伟大的帝国、那个伟大的时代有着太多太深的误解，但是，我们毕竟在那个时代的光焰所照耀的旅程上走了过来。时空渐渐深邃，光焰渐渐暗淡。是历史的烟尘淤塞了遥远的文明之光，还是现实的纷扰遮蔽了我们的视野，抑或，我们已经飞入了历史的太空，再也不需要民族传统的根基？

蓦然回首，遥望帝国，一掬感动的热泪盈眶而出。

有哪一个时代，承受了无尽的指控，却依然坚实地支撑着她的后世子孙们？

后记

积微深掘　理我文明

一

在战国思想家群中，荀子的"积微"说是一剂醒世良药。

战国时代，是"大争之世，多事之时"。当其时，举凡出色的政治家、实业家、学问家，都在关注如何通过"大事"中的"大举"来建立煌煌功业，实现各自不同的国家目标与人生抱负。荀子却别有一番考量，在著名的《强国》篇中，以两百余字的专段，提出了"积微者速成"的理论，主张治国做事的要害是先扎扎实实做好每天的小事琐事，而不能厌弃小事，一味坐等大事来临。

这篇短文论述透彻，语言精到，全文录之如下：

> 积微，月不胜日，时不胜月，岁不胜时。凡人好敖慢小事，大事至，然后兴之务之。如是，则常不胜夫敦比于小事者矣！

是何也？则小事之至也数，其县日也博，其为积也大。大事之至也希，其县日也浅，其为积也小。故，善日者王，善时者霸，补漏者危，大荒者亡！故，王者敬日，霸者敬时，仅存之国，危而后戚之。亡国，至亡而后知亡，至死而后知死。亡国之祸败，不可胜悔也。霸者之善著也，可以时托也。王者之功名，不可胜日志也。财物货宝以大为重，政教功名者反是，能积微者速成。《诗》曰："德辏如毛，民鲜克举之。"此之谓也。

我按重新整理的语序，翻译一下这段话：

积微以成功，岁不胜季，季不胜月，月不胜日。

凡人都怠慢小事，总是在大事来临时，才专心忙活起来。这样的人，实际上常常不如那些认真处置每日小事的人啊！为什么？小事很多很多，每天都有，耗费的精力时间很多，但累积的成果也大。真正的大事，发生得很少，耗费的时间与精力也少，其积累的成果也少。（譬如国家大事如战争，如灾难，如盟约，如变法等，不会是天天都有的。）

所以，善于每日认真处置小事者，可以达到"王"的功业；能够在一季之中处置积压事务者，可以达到"霸"的功业；如果仅仅是临事修补漏洞者，就很危险了；如果从来荒疏不理日常政务，一定是要灭亡的！

所以，能够在天下称王者，看重每一日；能够在天下称霸者，看重一季之事；奄奄仅存之国，便只有在亡国后空自忧戚了。这些亡国者，总是在亡国危机来临时才知道危机，在死亡来临时才知道死亡。殊不知，导致亡国的祸败根源，是无法用后悔来弥补的。霸者所以彰显天下，在于尚寄希望于每季理事。王者之大功，则在于数也数不清的每一日的积累。财宝，是越大越重越好。国家政事则相反，能够每天认真处置政务，积累微小之功，实际上成功最快。《诗经》云："大德如鸿毛之轻，可常人很少有人能举起它来。"说的就是这个意思。

荀子的意思是很清楚的，是专门告诫那些贪大弃小好高骛远者的。

这既是一种为政精神，更是一种做事精神。就其精神实质而言，适合于任何一个领域的从业者。对于治学，荀子的"积微"说，更加具有深刻的意义。

二

梳理中国文明史，是一个远大的目标。

但是，这一远大的目标却隐藏在扎扎实实的每一件小关节之上。

我们说的这种"小关节"，不是对于历史事件的排列叙述，不是对于无数细节的细致考订，等等。尽管，这些技术性梳理，也是很重要的，也是很需要的。但是，毕竟我们民族对于具体历史进程的整理与记录，已经达到了世界最为详尽的地步；尽善尽美固然好，但已经不是我们的当务之急了。我们的当务之急，我们面临的历史需要，是尽可能地理清中国文明史，以科学时代的文明理念重新解读我们的历史，从而尽可能明晰地确立我们文明史的若干重大坐标，明确我们的文明传统中的核心价值观体系，为我们民族面临的新文明跨越创造新的语言谱系，实现我们民族的文明话语权。

为此，我们所需要的"小关节"积微，不是对历史事件与历史人物的无休止考订，而是对于每一重大历史事件、每一重要历史人物的重新解读，重新评估，重新定位，而是重新发掘我们文明传统的核心价值观，分析其究竟表现在什么样的历史形式之中，从而为我们民族提供实现新文明跨越的精神资源。

从总体上说，我们的人文历史领域，已经沉湎于记录工作、考订工作两千余年，迄今为止，仍然沿着这一巨大的历史惯性在滑行。作为承担中国文明反思重任的基本阵地，中国的人文学界，应该到了走出对历史进行技术性梳理的时候，应该到了对我们民族的文明史进行大规模理论整理的新时期。如果不能树立这一方面的基本共识，不能跨出文明反思的新步伐，中国当代的人文历史学界将被历史判定为失去感悟能力的平庸一代。

我们的文明在自己本土绵延相续五千余年，成为世界唯一，其中最主要的文明生存发展的历史经验是什么？我们的文明传统所形成的核心价值观体系究竟是什么，仅仅是儒家价值观么？汉武帝时期"罢黜百家，独尊儒术"，将我们民族的思想多元化传统扭曲归结为"独尊"的宗教式一元化法则，应该如何评价这一文明史上的大转折？我们对于中国文明传统的扬弃继承，究竟是仅仅以儒家体系为基础，还是应该以春秋战国秦帝国三大时代的多元化思想体系为基础？我们的政治文明传统中，究竟隐藏了什么样的核心价值观，值得我们继承的良性遗产究竟是哪些方面？统一的中央集权制、宗法制、科举制等最基本的古典社会制度，在我们的文明发展中有没有历史坐标的意义，有没有值得继承的方面？

凡此等等基本问题，以及与之相联系的无数文明史问题，都构成了我们无法回避的重大历史任务。在当代世界，中国的重新崛起，已经成为一个世界无法回避的基本问题。世界需要清楚中国，中国也需要清楚中国。在人类各个文明体系正在努力寻觅减少文明冲突与国家冲突的时代，重新崛起的中国能否向全世界清楚地表述自己的生存价值观与核心价值观体系，是中国融入世界的一个最重大问题，也是中国维护自己核心利益的最基本问题。能否克服我们在中国历史传统、中国文明核心价值观方面的失语状态，是我们民族在新的世界生存状态下的一个历史瓶颈。

英国政治家撒切尔夫人，曾经这样评判当下中国的文明价值观失语状态："中国的崛起并不可怕。因为，中国是一个不输出价值观的国家。在历史上，凡是不输出价值观的国家，都不会构成威胁。"请注意，所谓"不输出价值观"，在西方语言方式中有三层实际内涵：一则，这个国家不发动对外革命式的改造行动；二则，这个国家的文明价值观不明确，无法对世界清楚表述；三则，这个国家在重大生存利益问题上，没有基于历史传统而产生并能清晰表述、严格坚持的核心价值观，实际上是无可输出，几乎是没有自己的核心价值观。

悲矣哉！拥有五千余年文明史的中国，竟落得如此含混的一个世界形象。

不管我们如何坚持宣传某些自认为很清楚的价值理念，譬如礼仪之邦、德服四邻、德治仁义、和谐太平、孔孟之道等，世界大多数国家就是不理解，加上不相信。为什么？基本原因只有一个，这些自我唠叨都不是我们历史上曾经反复表现的坚实的国家行动，不是我们的文明根基。中国文明根基（核心价值观体系）究竟是什么？中国人说不清，世界自然也说不清。但是，外部世界对中国至少有一个最基本判断：中国自己宣传的那些东西，与中国的国家历史行为不符合，所以绝不是他们的历史根基。

那么，我们的文明根基究竟是什么？

我们说不清吗？不。许多人（譬如以儒家为根基的传统学人）认为，我们与我们的国家，已经说得非常清楚了，只不过世界不理解而已。

我们说得清吗？不。许多人认为，中国文明问题、中国文明传统所形成的核心价值观体系问题，还远远没有说清；笼罩秦后历史与弥漫当下社会的儒家理念，只是我们文明史中的一家，远远不是全部，更不是主流根基。

我们不怕问题。问题总能解决。

可怕的是，我们回避问题，自以为没有问题。

所以，从提出问题开始，我们民族的文明梳理工程就倍加艰难。

我们只能一点一滴地努力，一点一滴地澄清，是为积微。

三

在重读中国文明史的大目标中，重新解读秦文明是一个核心问题。

秦帝国所建立的统一文明体系，构成了我们民族成熟的统一文明的开端。但是，在此后的两千余年历史中，秦帝国与秦文明却被无限度地抹黑了，被无限度地妖魔化了。这种对轴心时代的扭曲悲剧，构成了重读秦文明之所以成为重读中国文明史之核心的最基础原因。

阁下所翻开的这本书，正是我将近二十年来重读秦文明史的一些基本思索。

就其本源说，这是我在各个时期关于秦文明与中国文明的部分文章的汇集。中信出版集团总经理施宏俊先生等，在我的博客上读了这些文章，提出了出版动议，并进行了高质量的重新编排与编辑，使此书得以问世。

我感谢这些朋友，祝他们在出版领域取得更大的业绩。

特别值得一提的，是我的老朋友、老同学董建桥。他是武汉大学哲学系硕士，陕西省地方志办公室副主任、高级编审，是很有成就的文献专家。在我的《中国原生文明启示录》与本书成稿后，建桥为我进行了认真仔细的文献校对，也提出了诸多技术修改意见，为这两部书的出版付出了辛勤的汗水。尽管是数十年的老朋友了，还是要道一声感谢。

积薪者众，大火始能燃烧。

积微者多，大功始能告成。

我们的道路很遥远，我们的工作很艰难。

但是，我们有信念，不气馁，日每积微，终能积跬步以成远足。

孙皓晖
2016 年 6 月于海口积微坊